Copyright © Mark Fisher 1998
Representado por Cathy Miller Publishing Rights Ltd., Londres

Copyright © 1998 de la traducción española:
EDICIONES JAGUAR
Laurel, 23
28005 Madrid. España.

EDITOR
   Javier RODRÍGUEZ

COORDINACIÓN EDITORIAL
   Mercedes FORTUOSO

TRADUCCIÓN
   Fernando GONZÁLEZ-FIERRO

DISEÑO DE CUBIERTA
   Quique Teruel

MAQUETACIÓN
   Mireya CIDÓN

FOTOMECÁNICA
   Artes Gráficas Pixel, S.L.

IMPRENTA
   Artes Gráficas Gaez, S.A.

ISBN: 84-89960-26-7

DEPÓSITO LEGAL: M-35.262-1998

El Golfista y
El Millonario

MARK FISHER

EDICIONES
JAGUAR

ÍNDICE

Para Muktananda

Capítulo 1

EN EL QUE EL GOLFISTA HABÍA ABANDONADO SUS SUEÑOS

Érase una vez un hombre que no creía en sí mismo. En muchos momentos se preguntaba: ¿pero por qué soy así? Pero nunca era capaz de dar con la respuesta. Terminó por adoptar la explicación: '¡bueno, quizás haya nacido para vivir así...!'.

Aunque se ganaba bien la vida como profesional del golf, nunca había logrado hacer realidad el sueño de toda su vida: lograr la clasificación para jugar el campeonato de la P.G.A. En lugar de ello tenía que contentarse vendiendo pelotas de golf y dando clases a los socios de un selecto club de campo.

Tratar diariamente con gente que había logrado el éxito en su vida agudizaba su propio sentimiento de fracaso. Siendo algo más joven, siempre había estado seguro de que su nombre figuraría un día al lado de los más grandes del golf: Jack Nicklaus, Arnold Palmer, Tom Watson, Nick Faldo, Greg Norman, Fred Couples, Nick Price, ...

Los brillantes resultados obtenidos durante su época universitaria le habían hecho creer en sus expectativas. Pero cuando llegó el momento de clasificarse para el campeonato de la P.G.A., su habilidad, que nunca le había fallado en el período universitario, pareció dejarle de lado por completo, del mismo modo que las ratas abandonan un barco que se hunde.

En la época en la que tenía treinta años, ya había perdido toda esperanza. Después de todo, eran ya muchas las personas que le habían aconsejado ser realista, abandonar su mundo de sueños y llevar una vida normal. No podía ni recordar cuántas veces su padre le había echado en cara que carecía de talento. De modo que sólo había sido cuestión de tiempo el poder llegar a aceptar la evidente realidad.

Aunque por fin llevaba una vida como la de todo el mundo -bueno, como la de casi todo el mundo- una voz en su interior, cada día más y más débilmente, seguía susurrándole que tenía todo lo que se requería para ser un campeón, y que todo había sido una racha de mala suerte, una serie de desgraciadas circunstancias que le habían alejado de su objetivo.

Esto, al menos, era lo que pensaba mientras golpeaba con violencia bola tras bola en el tee de prácticas del club, bajo un cielo de atardecer teñido de rosa. Colocaba una bola tras otra, como un autómata, como un poseso... trescientas, cuatrocientas bolas, siempre golpeando con su madera del número uno. Su maestría era evidente -al menos aquí, en el tee de prácticas- donde su palo hacía un contacto perfecto con la bola, lanzando draws o fades a voluntad, superando en todos ellos la marca de los doscientos treinta metros. Había tantas bolas dispersas por el borde del campo, que parecía que hubiera caído una auténtica tormenta de granizo.

A pesar de los centenares de tiros de práctica que había realizado aquella tarde, y de los cientos de miles durante toda su carrera, nunca parecía cansarse de admirar un buen drive. Primero, aquella sensación del poderoso contacto de la cabeza del palo golpeando "justo entre los tornillos". A continuación, la diminuta esfera alzando el vuelo hacia el cielo, seguido por el mágico instante en el que, en lo más alto de su trayectoria, la bola parecía quedar suspendida en el aire durante una fracción de segundo, como ingrávida, antes de iniciar su descenso hacia la tierra, para acabar golpeando suelo firme y rodando por la calle. Cada vez que observaba un buen tiro, especialmente desde el tee de salida, sentía como si su espíritu se elevara. Aquello tenía algo que ver con una sensación de poder, ciertamente; pero también estaba aquel sentimiento de libertad, como si él fuera quien volara por el aire junto con la bola, como si estuviera viviendo aquel sueño de todos los seres humanos de volar como un pájaro.

De nuevo tuvo esa misma sensación al conectar otro drive, esta vez cubriendo una magnífica distancia de más de doscientos setenta y cinco metros. No era la primera vez que superaba dicha marca, desde luego, pero siempre resultaba emocionante.

Sin embargo, su euforia duró poco. Sus pensamientos se vieron ensombrecidos por algo que le había deprimido durante años: el hecho de que su talento personal sólo sirviera para resaltar la amargura y la frustración de su fracaso.

'Puedo lanzar la bola a más de doscientos cincuenta metros', pensó por milésima vez, 'y ni siquiera puedo clasificarme para el campeonato'.

Aunque se había jurado dejar de competir, en lo más profundo de su ser nunca había aceptado perder, y todavía encontraba todo el asunto incompresible. La única explicación que se daba era que había nacido con mala estrella.

El sol se puso por detrás de la línea de árboles en el horizonte y Robert -ése era su nombre- de pronto pareció despertar, como si hasta entonces hubiera estado sonámbulo. Su mano derecha, en la que no llevaba un guante como en la izquierda, le dolía. Había lanzado demasiadas bolas, y se sentía entumecido y falto de práctica. Cuando había estado entrenando para el torneo, había sido capaz de golpear un millar de bolas en una misma sesión sin sentir la más leve molestia o dolor.

Sus manos, aunque fornidas, eran ágiles, y parecían tener vida propia. Sus manos también parecían gustarles a las mujeres, para las cuales Robert resultaba bastante atractivo, sin lugar a dudas. Con un metro noventa de alto, anchos hombros, abundante cabello rubio y ojos azules, resultaba una versión algo más joven y corpulenta de Robert Redford. Nunca dejaba de escuchar cumplidos y proposiciones de las mujeres a las que impartía lecciones, para el disgusto ocasional de los miembros masculinos del club, los cuales, aunque mucho más adinerados, resultaban por lo general bastante menos atractivos.

Robert notó una ampolla en la parte interior del dedo índi-

ce de su mano derecha. De joven nunca había tenido ampo-
llas. Presionó ésta con su pulgar. No parecía ser muy grande.

Si dejaba de hacer lanzamientos ahora, probablemente
desaparecería en unas pocas horas. Frunció el ceño y agitó
la cabeza haciendo un gesto de desaprobación. De todas
formas, ¿cuál era el objeto de practicar durante tanto tiempo? Ya había renunciado al circuito, ¿no era así?

Sin embargo, algo en aquel día le había hecho pensar de
nuevo en todo ello, haciéndole sentir de igual modo que
cuando sus sueños aún estaban vivos, cuando todavía era
capaz de practicar desde el amanecer hasta la puesta del sol
sin cansarse, llevado por su pasión. Lo que no estaba dispuesto a reconocer, incluso a sí mismo, era que se encontraba sumido en aquellos dolorosos recuerdos a causa de un
estado de shock.

Aquella misma mañana, Clara, su novia durante tres
años y medio, cansada de esperar que Robert se compro-
metiera y casara con ella, o al menos quisiera tener un
hijo con ella, había decidido que todo había acabado
entre ellos. Él se mostró comprensivo, e incluso le dijo
que podía quedarse con el apartamento, a pesar de que
había sido el suyo antes de que hubieran empezado a salir
juntos. De modo que, en este momento, se encontraba sin
techo. La sola idea de reservar una habitación en un hotel
barato le deprimía.

Tomó una toalla con la que secarse la amplia frente,
cubierta de sudor, y marcada con dos extrañas cicatrices en
su parte izquierda. No podía recordar cómo se las había
hecho. Todo lo que sabía era que las tenía desde su infancia. Frecuentemente pensaba en ello, como si detrás de

todo se ocultara algún misterio relacionado con aquellas cicatrices, algún suceso importante que hubiera olvidado o reprimido, debido precisamente a su gravedad.

Pero finalmente se había repuesto de aquel recelo y se había dicho a sí mismo que las cicatrices se habrían producido tontamente jugando con sus amigos de infancia a los piratas o a indios y vaqueros.

Un joven empleado del club se le acercó andando. "¿Va a seguir lanzando más bolas, señor?" -le preguntó.

Robert se sobresaltó, despertando bruscamente de sus pensamientos.

"No" -dijo tras una pausa. "Puedes empezar a recoger. Deja mi bolsa a un lado cuando estés listo, ¿quieres?".

Apoyó su driver en la bolsa, pero éste se deslizó y cayó pesadamente en el suelo. El joven empleado, un pelirrojo de rostro alegre, de unos quince años de edad, se apresuró a recogerlo, sacó a continuación un trapo de su bolsillo y limpió la cabeza del palo. Una vez que estuvo listo, lo metió en la bolsa con un cuidado aparentemente reverencial.

Robert notó la mal disimulada mirada de admiración en los ojos del chico. Para él y para muchos de los más jóvenes que trabajaban en el club -todos ellos con la aspiración de llegar algún día a ser profesionales- Robert era una especie de héroe, y sus palos, dignos de la veneración que generalmente es reservada a las armas de un guerrero.

Robert sonrió con cierta tristeza. Le asombraba ver la imagen que de él tenía aquel chico, tan diferente de la suya propia. Una imagen con la que tendría que enfrentarse el resto de su vida, algo semejante a quedar atrapado en un ascensor con el pesado de la oficina.

Se acercó al chico, le revolvió el cabello cariñosamente y le deslizó disimuladamente una generosa propina, algo que hacía raramente, ya que la práctica de las propinas no estaba bien vista por la dirección del club. El chico abrió sus ojos al máximo cuando bajó su vista y vio el billete de veinte dólares.

"Señor, realmente, no hace falta..."

"Quédatelo, chico" -dijo Robert mientras se alejaba. "Pero recuerda: ¡nunca dejes de soñar!"

El chico le miró mientras se marchaba, guardó el dinero en su bolsillo con una sonrisa, se subió a su tractor y se puso en marcha para recoger las bolas de prácticas.

En el trayecto a través de la casa club, Robert se sacó el guante y descubrió otra ampolla formándose en su mano izquierda. "¡Maldita sea!" -exclamó- "¡Realmente estoy en baja forma!".

En el vestuario pensó en ducharse, pero posteriormente decidió no hacerlo, a pesar de que había estado sudando bastante. ¿Para qué iba a arreglar su aspecto? Nadie le esperaba y no tenía a nadie a quien agradar. Ya se ducharía más tarde, una vez que se hubiera instalado en el hotel. Después de todo, no tenía nada mejor que hacer, ¿no era así?

Abrió su taquilla, sacó una bolsa de viaje de cuero negro y, a continuación, se dirigió hacia la salida. En su camino pasó junto al encargado de los zapatos, Rolly, un tipo agradable de unos sesenta y tantos años, un personaje típico del club que caía bien a todo el mundo. Robert le saludó con la mano y descolgó el anticuado teléfono de color negro del mostrador de Rolly -el último signo de desafío al mundo moderno-. Robert titubeó y, a continuación, decidió que, ¡qué demonios!, de todos modos podría tratar de localizar a Clara en casa. ¡En casa! Como si todavía tuviera una...

Dejó que el teléfono sonara dos veces, pero colgó antes de que nadie contestara. Después, casi de un modo mecánico, marcó los primeros dígitos del número de su padre, pensando que podría pedirle que le dejara dormir unos cuantos días en su casa. Esta vez colgó antes de que hubiera terminado de marcar. Las cosas se habían vuelto tirantes entre padre e hijo desde hacía tiempo. El solo pensamiento de volver a casa de su padre resultaba demasiado deprimente.

Rolly, trapo en mano, miraba desde la puerta la desanimada cara del profesional. "¡Hágame saber si hay algo que pueda hacer por usted!" -le dijo desde detrás suyo.

"¡Así lo haré, abuelo! Gracias."

Robert se dirigió apresuradamente a través del aparcamiento hasta su coche, un viejo Riviera. Aunque había cuidado bastante bien de él, el Riviera parecía desvencijado comparado con los modelos de Jaguar, BMW, Porsche, Mercedes y Rolls-Royce que había a su lado y que pertenecían a los miembros del club. Desde luego que sabía muy bien que no se debía juzgar a la gente por el modelo de coche que conducía. Los coches sólo eran símbolos materiales superficiales. Pero el viejo Riviera era un recuerdo continuo de su fracaso, algo así como un grave defecto de su personalidad; allí, a la vista de todos. No había tenido el coraje ni la perseverancia para lograr lo que siempre había querido en la vida, y ahora estaba sufriendo el castigo por ello. Y la sentencia era terrible: odiarse por aquello en lo que se había convertido, y por lo que se recordaría durante el resto de su vida.

Capítulo 2

EN EL QUE EL GOLFISTA CONOCE A UNA PERSONA EXTRAORDINARIA

Robert subió al Riviera, lanzó su bolsa de viaje negra sobre el asiento al lado del conductor, y metió la llave en el contacto. El motor renqueó unas cuantas veces, apagándose finalmente. Esperó unos diez segundos, lo volvió a intentar, sin éxito, y blasfemó entre dientes. No sólo era viejo el maldito coche, sino que... ¡ni siquiera le servía para un simple trayecto!

Un socio del club subió al vehículo aparcado en la plaza contigua, un flamante Porsche rojo descapotable. Arrancó el motor con evidente orgullo, mirando a Robert mientras se ponía unos guantes de carreras.

Demasiado agobiado para intentar arrancar su coche con el otro tipo sentado mirándole, Robert sonrió y encendió un cigarrillo. Para no ser menos, el propietario del Porsche sacó un enorme Monte Cristo del bolsillo de su chaqueta y lo encendió también, mandando al aire una serie de perfectos anillos de humo.

"¿Qué tal va eso, Robert?" -gritó el tipo, mordisqueando su habano.

Robert contestó con la cortesía habitual -no podía permitirse ofender a un miembro de pago-.

"Perfectamente, señor Birk. ¡Seguro que hará una buena noche!".

Sus pensamientos, sin embargo, fueron algo así como: '¡Rico de mierda!, se cree que tiene algo que demostrar. Siempre presumiendo...'

Birk confirmó la estimación de Robert metiendo la marcha atrás en el Porsche, saliendo a todo gas y dejando marcas de neumático quemado a mitad de camino de la puerta principal.

Aunque se trataba de algo estúpido, el incidente parecía contener un mensaje, el mismo mensaje que Robert había estado percibiendo durante todo el día: era un fracasado sin solución, un don nadie, un inútil para cualquiera. ¡Estaban a mitad del verano y su maldito coche ni siquiera quería arrancar! Intentó razonar. Hasta las peores cosas pueden ocurrir. Quizás el motor estaba ahogado. No era la primera vez. Sólo había que ser paciente.

"¡La vida va mejorando cada día!" -se dijo con sorna.

Suspiró, buscó en la bolsa de viaje junto a él y sacó una petaca con cognac. Echó un buen trago.

Un par de caladas del cigarrillo, otro par de sorbos de coñac, y la petaca ya estaba medio vacía. Intentó arrancar de nuevo y, en esta ocasión, el motor respondió. La medicina debía haber hecho su efecto...

Metió una cinta en la pletina del coche, una con su grabación favorita de éxitos de los Rolling Stones, que comenzaba con *"Time is on My Side"*, una de sus canciones favoritas de todos los tiempos. Pero en ese momento, habiendo alcanzado ya la edad suficientemente madura de treinta años, sintió que ya no tenía más tiempo que perder.

Abandonó el terreno propiedad del club y condujo sin rumbo fijo durante un rato, vaciando la petaca durante el trayecto. En cierto momento se encontró a sí mismo acercándose a un lugar que se había jurado evitar -su apartamento, o más bien, el apartamento de ella-. Aminoró la marcha al pasar junto al edificio y vio una luz encendida en el salón. Lo hubiera dado todo por retrasar el tiempo veinticuatro horas, y así poder regresar al apartamento con Clara, a casa. Pero había cometido un terrible error. Ahora era demasiado tarde.

No había creído a Clara cuando le dijo que le amaba y que quería compartir el resto de su vida con él. Quizás él no se sentía digno de su amor. ¿Cómo podía una mujer que había alcanzado el éxito en su carrera como ella, que ganaba el doble de dinero que él, querer a un fracasado tal, a alguien que había renunciado a lo más importante de la vida: su sueño?

Ella todavía seguía creyendo en él. De hecho, ella debía ser la única persona del mundo que aún lo hacía. Pero se habían conocido demasiado tarde, cuando él ya estaba desilusionado y convencido de su fracaso.

Clara había terminado por anunciarle que, si él no podía aceptar su amor, era porque no la quería. Esa era la razón por la que él no aceptaba comprometerse para fundar una familia.

"Tengo lo que merezco" -murmuró Robert mientras el coñac hacía su efecto. "Sólo lo que me merezco. Todas las dudas que tenía... ahí es donde he terminado. Tantas veces sin poder llegar a hacerlo, a decir: 'Sí, de veras que te quiero, Clara. Quiero comprometerme contigo. Casémonos y tengamos hijos...' Le hice esperar, dejándole toda la responsabilidad a ella, hasta que se dio cuenta de que yo nunca correspondería su amor. Es típico de mí, Rob el vago, siempre bloqueado ante la presión, poniéndome neurótico cuando las cosas se ponen difíciles."

Pisó el acelerador. Tenía que alejarse del apartamento y de aquellos dolorosos recuerdos. Sintió que conducía a toda velocidad, cada vez más lejos, perdiendo la noción del tiempo. Los Rolling Stones tocaban en ese momento *"Let's Spend the Night Together"*, y decidió subir el volumen al máximo. No tenía con quien pasar la noche, al menos no a la persona con la que hubiera querido estar. Ella había sido explícita al decir que todo había acabado entre ellos.

Pues bien, al diablo con todo. Había una rampa de acceso a la autovía algo más adelante. Entraría en la autovía y pisaría a fondo, a ver si todavía el Riviera era capaz de portarse.

"¡Perfecto!" -gritó, y giró bruscamente hacia la rampa sin siquiera echar un vistazo al espejo retrovisor, recibiendo por ello una impresionante pitada de cláxones. Subió todavía más el volumen para ahogar las bocinas, y aceleró a fondo en la rampa. Cuando llegaba al final de la curva de acceso se vio envuelto en una pesadilla: una limousine negra acababa de frenar con brusquedad por culpa del coche que iba delante suyo, el cual se había detenido bruscamente.

"¡Qué demonios...!" -gritó Robert.

Con los reflejos embotados por el alcohol, frenó demasiado tarde. La colisión parecía inminente cuando, sin pensárselo, dio un brusco volantazo hacia la derecha. El Riviera derrapó ciento ochenta grados y se estampó contra la barrera de contención. La cabeza de Robert golpeó contra el parabrisas con violencia, quedando inconsciente en el acto.

"*You can't always get what you want,*" cantaba Mick Jagger -la pletina seguía funcionando-. Los coches que accedían por la rampa pararon bruscamente, produciéndose unas cuantas colisiones en cadena. Los conductores saltaron fuera de sus vehículos y se apiñaron a mirar. Un hombre comenzó a correr, con la intención de sacar a Robert de los restos del coche. Pero se detuvo en seco cuando el motor del Riviera explotó, lanzando una nube de negro humo de debajo del capó. Todas las personas congregadas notaron el calor y se retiraron hacia atrás. El humo pronto llenó el interior del coche, y las llamas podían ser vistas brotando del motor. Si nadie le sacaba de allí en breve, Robert moriría asfixiado.

El chófer de la limousine, mientras tanto, había bajado de un salto del asiento del conductor y abierto la puerta de los asientos traseros del vehículo. Un hombre elegantemente vestido, que aparentaba al menos unos setenta años de edad, pero en sorprendente buena forma -si es que su figura era un buen indicio-, salió de su interior. Era de mediana estatura, muy esbelto -casi delgado-

con un rostro que resultaba asombrosamente tranquilo dadas las circunstancias.

Parecía estar concentrado, analizando la situación y decidiendo qué debía hacerse. Daba la impresión de estar predisponiendo su mente a toda prisa, mientras avanzaba directamente hacia el coche en llamas.

El chófer gritó detrás de él: "¡Eh, jefe! ¿Qué está haciendo?".

"Si mi hora ha llegado" -contestó el anciano hombre con tranquilidad, "no hay nada que pueda hacer para evitarlo. Y si no es así, no hay razón para preocuparse, ¿no le parece?".

El hombre volvió su atención de nuevo hacia el coche humeante. Una segunda explosión envió con violencia más llamas al aire. En lugar de retroceder, el anciano echó a correr hacia el vehículo en llamas, para el asombro de todos los que miraban. No encontró dificultad alguna con la puerta, liberó el cinturón de seguridad de Robert y, con una fuerza física asombrosa para alguien de su edad y envergadura, sacó al golfista fuera del coche, al extraño compás del *"You Can't Always Get What You Want"* de los Rolling Stones. Momentos después del rescate de Robert, otra explosión convirtió lo que quedaba del Riviera en un infierno.

El chófer ayudó a su patrón a trasladar a Robert hasta la limousine. Mientras forcejeaban con el cuerpo inconsciente, el golfista gimió. Estaba volviendo en sí.

El anciano tocó delicadamente a Robert en el hombro. "Va a ponerse bien. Le vamos a llevar a un hospital. ¿Cuál es su nombre, hijo?".

Aturdido como estaba, el golfista logró mascullar: "Robert. Robert Turner." En ese mismo instante volvió a perder el conocimiento.

* * *

"Simplemente con que firme usted aquí..."

El golfista abrió sus ojos y se vio frente a un caballero de aspecto petulante que llevaba gafas de montura de oro y un caro traje oscuro. Robert parpadeó un par de veces para despejar su mente y, a continuación, tomó el documento, examinándolo con cierta sorpresa.

"Represento al propietario de la limousine con la que usted casi colisionó " -dijo el hombre a manera de explicación. Robert advirtió la presencia del chófer de la limousine, solo y a cierta distancia en una esquina de la habitación, jugueteando con su gorra nerviosamente.

"¿Dónde está el dueño de la limousine?" -preguntó Robert, al tiempo que iba recordando las circunstancias del accidente.

"Oh, se ha marchado un momento para efectuar un par de llamadas. Bien, ésta es una declaración de intenciones, en la que se declara que usted acepta la suma de treinta y cinco mil dólares como generosa indemnización por todos los trastornos ocasionados por el accidente. Además, usted acepta no presentar ninguna demanda contra mi cliente, ni reclamar ninguna compensación posterior de cualquier tipo".

"¿Treinta y cinco mil dólares?".

"Exacto".

"¿Es usted de mi compañía de seguros?" -preguntó Robert, con una cierta confusión mental debido al sedante que le habían administrado.

"No, como ya le he dicho, represento a mi cliente, el propietario de la limousine que usted trataba de evitar cuando su coche accedía por la rampa".

El hombre mayor se adentró en la habitación. "¡Barney!" -exclamó, sorprendido de ver a su abogado junto a Robert. "¿Qué hace usted aquí?".

"Bien, señor, yo..."

"Le llamé yo, señor" -intervino el chófer. "Pensé que sería bueno para su protección, y dados todos esos pleitos de los que usted tanto ha oído hablar...".

La mandíbula del abogado se contrajo cuando el chófer pronunció lo que para él suponía una blasfemia en su vocabulario -la palabra pleito-.

"Edgar" -interrumpió el abogado, echándole una mirada de advertencia, "si no le importa, creo que podemos tratar este asunto entre nosotros".

Volviéndose a Robert, añadió: "El acuerdo que le ofrecemos es más que correcto, ¿coincide usted conmigo?".

Robert, evidentemente, no coincidía en absoluto. "No voy a firmar nada por ahora" -replicó.

"Comprendo" -dijo suavemente Barney- "primero desea usted hablar con su abogado, ¿no es eso?".

"No tengo abogado y no necesito ninguno".

"Entonces, es que quiere más dinero, ¿no es eso? ¿No se da cuenta de que está entrando en un juego peligroso? Según parece, usted se encontraba ebrio cuando el accidente tuvo lugar".

"Escuche, ¡haga el favor de dejarme tranquilo! No tengo ninguna intención de demandar al hombre que me salvó la vida".

"Barney" -intervino el anciano- "imagino que nuestro amigo estará cansado. Ya hablaremos de ello más tarde, ¿de acuerdo?".

"Sí, señor, como usted diga".

El abogado metió sus papeles en un maletín y abandonó la sala con gravedad, justo cuando un médico llegaba con muy buenas noticias -todas las pruebas que habían realizado habían resultado negativas-. Ninguna conmoción, ningún hueso roto..., sólo algunos cortes y magulladuras de poca importancia. Ni siquiera era necesario mantener a Robert bajo observación -éste podía marcharse a casa de inmediato-.

"¡Magnífico!" -exclamó el anciano, sonriendo afablemente. "Bien está lo que bien acaba, como dice el dicho. Puedo llevarle en mi coche, si lo desea."

Robert titubeó, sin saber suficientemente qué pensar sobre aquel personaje tan poco común. Su rostro estaba tan sereno..., sin una sola arruga, como si la vida no hubiera dejado en él marca alguna. Era imposible juzgar con exactitud cuál era su edad precisa. Lo más llamativo de todo eran sus ojos: muy grandes, muy azules, brillando de forma que parecían estar continuamente divertidos. Eran los ojos de un hombre que, a pesar de haber visto muchas cosas, no se había desgastado ni cansado durante el paso por la vida. Por el contrario, parecía mirar cada cosa y a cada persona con la mirada fresca y curiosa de un niño. Todo su ser emanaba un halo de serena satisfacción que a Robert le resultaba fascinante y, al mismo tiempo, envidiable.

"No, no hace falta" -contestó finalmente. "Gracias de todos modos".

"¡Oh, pero insisto!" Daba la impresión de que aquel anciano no iba a aceptar un no por respuesta. "No es ninguna molestia, ¿verdad, Edgar?".

Edgar inclinó su cabeza. "No, señor, en absoluto".

"Es muy amable por su parte, pero... bueno, desde esta mañana no tengo ninguna casa a la que regresar. Mi novia y yo hemos roto hoy mismo."

"Oh, entiendo." El anciano asintió comprensivo, sin querer incomodar a Robert preguntándole un montón de cuestiones personales. Una imagen del dulce rostro de Clara se formó en la imaginación del golfista, el cual permanecía pensativo.

"Bien, en ese caso" -sugirió el anciano finalmente- "¿por qué no pasa uno o dos días en mi casa? Tengo un número suficiente de habitaciones".

Robert encontraba absurda la idea. Sólo conocía al hombre desde hacía una hora. Y sin embargo, pensó, quizás era cosa del destino. Ya no iba a ser bienvenido en su propio apartamento, pero cuando una puerta se cerraba, otra parecía abrirse. Y en realidad, ¿qué podía perder? Pasar la noche solo en la habitación de un hotel de segunda era algo difícilmente apetecible.

"Yo... no quisiera importunar..."

"Será un placer. Edgar, ayude a nuestro nuevo amigo a recoger sus cosas, ¿quiere? Yo voy a ver si queda algún trámite más que resolver."

El chófer se colocó la gorra en la cabeza, se dirigió apresuradamente a la cama, y ayudó a Robert a incorporarse.

"¿Quién es su jefe?" -preguntó Robert a Edgar una vez que el anciano caballero abandonó la habitación.

Edgar sonrió. "Es un hombre de negocios de mucho talento, y el mejor jefe que nunca he tenido. Todo el mundo le llama simplemente *el millonario*."

Robert repitió para sí las palabras en su cabeza, tratando de acostumbrarse al extraño apelativo. Bueno, pensó, si es así como le gusta que le llamen, ¿por qué no? Quizás le guste mantener un cierto aire de misterio. El millonario era, ciertamente, una de las personas más extraordinarias que Robert había conocido, y los próximos días prometían resultar interesantes.

* * *

Poco tiempo después se encontraban confortablemente sentados en la limousine negra del anciano, de camino hacia su residencia en 'The Hamptons'.

El golfista permanecía silencioso y pensativo por primera vez, contemplando por la ventanilla el paisaje. El anciano se mostraba comprensivo con su necesidad de meditar sobre la situación y tampoco decía nada. Por fin, Robert salió de su silencio y se volvió hacia el otro hombre.

"Siento no ser la mejor compañía" -se disculpó Robert.

"En absoluto. Ha tenido usted un día muy duro" -contestó el millonario amablemente.

"Edgar me dijo que es usted un hombre de negocios. Y, por lo que parece, de mucha fortuna" -dijo Robert acariciando el cuero del asiento y sonriendo, algo compungido, al pensar en su propio coche siniestrado.

"Tengo muchos años de experiencia" -dijo el millonario con modestia. "¿Puedo preguntarle cómo se gana la vida, Robert?".

"Si se lo digo, probablemente querrá que me baje en el próximo semáforo".

"Ah, ¿sí? ¿Por qué? ¿Es usted un criminal intentando huir de la justicia?".

"No, no es nada tan excitante como eso. En realidad soy un fracasado. Así es como me gano la vida. Fracaso en lo que mejor se me da en la vida, lo cual, por cierto, es jugar al golf".

"¡De eso se trata! Un golfista".

"Un profesional del golf, en un club de campo. Ya sabe lo que se suele decir: si no puedes lograrlo, ¡da clases!".

Sonrió amargamente y, a continuación, en un súbito arranque de confianza -pues frecuentemente es más fácil hablar con un extraño- añadió: "Solía soñar con jugar en el circuito y, quizás, ganar algunos torneos. Ahora me encuentro vendiendo pelotas de golf. Si usted encuentra una definición mejor de fracaso, me gustaría oírla".

El millonario no contestó inmediatamente. Apreciaba la franqueza de Robert. Poca gente era tan sincera, sobre todo en un primer encuentro.

"Pero usted aún es joven. ¿Cuántos años tiene, si no le importa que se lo pregunte?".

"Treinta".

"Bueno, eso significa joven, al menos desde mi posición".

"Para un hombre de negocios, quizás, o para un escritor

o un artista. Pero para un golfista ya se es mayor, créame".

"Pero, ¿no tenía Greg Norman cuarenta años cuando fue elegido mejor jugador del año?".

"La excepción confirma la regla. Y Greg Norman es Greg Norman".

"Y cuando Ben Crenshaw ganó el Masters, ¿no tenía ya cuarenta y tres años?".

"También había ganado algunos torneos cuando era más joven".

"Bien" -el millonario se encogió de hombros- "si usted sigue buscando más razones para no triunfar, supongo que no esperará muchas oportunidades para ello, ¿no cree?".

El golfista frunció el ceño, meditando sobre si, en efecto, no habría renunciado a su sueño algo precipitadamente, si en realidad no estaba buscando excusas para abandonar su meta. Por otra parte, tenía que ganarse la vida de alguna manera. La idea de continuar con sus estudios, no porque quisiera aprender más, sino porque no podría clasificarse para el circuito de profesionales, no le había atraído. No había podido verse a sí mismo viviendo con dinero prestado, que es lo que la mayoría de los golfistas tenían que hacer hasta que podían acceder al circuito profesional. Además, se hubiera sentido incómodo en caso de haber dejado pagar a Clara la mayoría de las facturas. Incluso con su trabajo como golfista profesional, ella había estado ganando algo más del doble que él, hecho que había encontrado siempre humillante, a pesar de las ideas liberales de las que presumía en público.

"Dígame, ¿cree que tiene el talento necesario para triunfar?" -preguntó el millonario.

Robert notó que el anciano había hablado en tiempo presente, no en pasado. De alguna manera, ello constituía una diferencia -como si, al menos en la mente de otra persona, hubiera una cierta esperanza, incluso aunque aquella persona resultara ser un excéntrico anciano millonario.

"Sin ánimo de presumir, le diría que lo tengo, ¡sí!"

"Bien. Entonces, si usted tiene el talento, ¿por qué no ha triunfado?".

Era una pregunta sencilla y perfectamente lógica, que el golfista encontraba difícil, si no imposible de contestar.

"Realmente, no lo sé".

"Quizás es porque en lo más profundo de su ser usted nunca ha creído que podría alcanzar el éxito".

"Ganarse el propio sustento y tratar de clasificarse para el circuito al mismo tiempo no resulta nada sencillo"-objetó Robert.

"Ni hacerse millonario. Déjeme decirle, no obstante, una verdad sobre las cosas: puede que no sea suficiente creer que se puede llegar a ser millonario para convertirse en uno de verdad, pero ningún millonario se ha hecho rico nunca sin tener la firme convicción de que él o ella tendrían éxito un día, a menos que, desde luego, se haya nacido con dinero. Estoy seguro de que lo mismo se puede aplicar al golf. Las reglas del éxito son consistentes, no importa cuál sea el ámbito de esfuerzo de uno".

"¿De veras cree eso?".

"No es sólo que lo crea. Es que estoy absolutamente convencido".

Antes de que el golfista pudiera preguntar nada más, la limousine paró delante de una imponente verja de hierro forjado, que fue abierta inmediatamente por un guarda de seguridad. La limousine la cruzó y continuó a lo largo de una larga avenida, flanqueada a ambos lados por farolas de época.

Dejaron atrás una casa, habitada por el jardinero y su esposa, a continuación una segunda, más grande -la casa del personal de servicio- y, por último, se detuvieron enfrente de una tercera construcción, una mansión impresionante; probablemente la residencia principal del millonario, que parecía más un castillo que una casa. Robert dejó escapar un silbido, impresionado.

"Ahora entiendo por qué la gente le llama a usted 'el millonario'!".

"Oh, bueno" -explicó el anciano con modestia- "los verdaderos signos de riqueza no son los externos".

El chófer se apresuró a abrir la puerta, y él y Robert se bajaron del coche. "Gracias, Edgar" -dijo el millonario. "Creo que por hoy no necesitaremos más el coche".

"De acuerdo, jefe". Edgar volvió a subir al coche y lo condujo hasta el garaje. Un mayordomo ya se encontraba esperando en la entrada principal.

"Buenas noches, señor".

"Buenas noches, Henry. ¿Podría indicarle a nuestro invitado su habitación? Permanecerá con nosotros uno o dos días".

"Por supuesto, señor".

El millonario se volvió hacia Robert.

"Henry se encargará de todo lo que necesite. Ese es su trabajo, así que no se cohíba. Y mañana veremos si tiene usted el talento necesario como profesional. Entretanto, descanse y pase buena noche".

Capítulo 3

EN EL QUE EL GOLFISTA DESCUBRE LA RAZÓN DE SU FRACASO

Justo después del desayuno, el millonario guió a Robert a través de unas cristaleras, a lo largo de una terraza, y a través de su vasta propiedad. A juzgar por la forma en que iba vestido -pantalones amarillos de golf al estilo de Payne Stewart, cárdigan a juego y gorra-, al golfista le pareció que el anciano había hablado en serio la noche antes, cuando dijo que quería examinar sus dotes.

"No tengo mis palos conmigo, ni mis zapatos" -dijo Robert.

El millonario miró al joven con una sonrisa divertida. "Bien, veremos qué podemos hacer al respecto".

Atravesaron una inmensa rosaleda cercada por un seto de cedros de unos tres metros de altura y pasaron a través de una puerta arqueada que daba entrada a lo que parecía ser un tee para practicar golpes de salida, con señales en el terreno para indicar las distintas distancias. Incluso había un green de prácticas con nueve banderas rojas y un bunker. Algo más lejos, Robert distinguió el tee de salida de un verdadero campo de golf, con el primer green señalado por una bandera amarilla, a unos trescientos cincuenta metros de distancia.

"Usted no mencionó que viviera junto a un campo de golf " -observó Robert.

"No, creo que no lo hice...".

"Imagino que esa es la razón por la que usted sabe tanto sobre el juego".

El millonario se encogió de hombros y sonrió con aire de misterio. Un hombre vestido con un peto de trabajo emergió de una pequeña construcción de madera y se encaminó hacia ellos.

"Hal" -dijo el millonario- "¿sería tan amable de encontrar unos zapatos para nuestro invitado? ¿Qué talla calza?".

"Un cuarenta y tres".

"¿Y qué clase de palos utiliza?".

Robert se lo explicó detalladamente.

"No será un problema, señor" -dijo Hal, quien volvió con parsimonia hacia la caseta. Unos pocos minutos más tarde, luciendo un confortable par de zapatos de golf de cuero negro y con la mano izquierda enfundada en un guante, Robert extrajo un driver, idéntico al suyo, de la bolsa que Hal le había traído, tras lo que se dirigió al campo de prácticas donde el millonario ya le esperaba. Éste colocó una reluciente bola nueva en el tee de Robert, como un profesional que va a dar su primera clase.

"De acuerdo" -dijo- "veamos lo que sabe hacer. Lance unas cuantas bolas para mí".

Robert preparó su stance, balanceó todo su peso hasta

encontrarse cómodo, realizó su swing y conectó un drive de más de doscientos cuarenta metros que fue directo como una flecha al centro del campo.

Sin decir una palabra, el millonario se inclinó, colocó una segunda bola en el tee y se retiró hacia atrás para observarle. Robert encontraba el examen del anciano algo desconcertante, pero no dijo nada y preparó su golpe, el cual resultó tan largo y recto como el primero.

"Muy bien, veamos ahora un fade" -dijo el millonario, inclinándose de nuevo para colocar otra bola en el tee. El golfista le complació con un fade perfecto.

"Ahora un draw" -ordenó el millonario, poniendo otra bola en juego. Pocos segundos más tarde la bola volaba por el cielo, describiendo un gracioso arco hacia la izquierda.

"Otro draw, por favor" -dijo el millonario, como si hubiera quedado algo insatisfecho con el primero. El golfista conectó otro draw, ligeramente diferente al primero. El millonario emitió un sonido de aprobación, aparentemente convencido del buen control de Robert desde el tee. Sacó un pitching wedge de la bolsa y se lo ofreció a Robert, tomando a cambio el driver.

"Apunte a la marca de 350 metros, haga el favor".

Robert realizó el golpe de aproximación a la marca, quedando corto unos cuatro o cinco metros. Esto pareció herirle en su orgullo e inmediatamente lanzó otro golpe. Esta vez aterrizó a sólo metro y medio hacia la derecha. Un tercer golpe rodó sesenta o noventa centímetros más allá de la marca, mientras que el cuarto, un golpe perfecto, llegó a tocar la estaca, motivando una sonrisa de satisfacción en Robert.

"Bien, muy bien" -observó el millonario. "De acuerdo. Probemos ahora con unos cuantos putts".

Los dos hombres se encaminaron hacia el green de prácticas, donde Hal, el sirviente, había dejado una gran bolsa cargada con varios tipos de putters. Robert encontró uno idéntico al suyo. El millonario también eligió un putter, se dirigió al green y colocó una bola a un metro de una de las banderas amarillas.

"Bien, veamos lo que sabe hacer".

Robert no pensó que fuera una gran prueba. Preparó el golpe rápidamente, golpeó la bola con energía y la envió directa al hoyo.

El millonario colocó una segunda bola a metro y medio del agujero. Esta vez Robert puso algo más de cuidado en la preparación, pero la embocó con la misma facilidad. El millonario colocó una tercera bola algo más lejos, a algo más de dos metros, una distancia respetable incluso para un profesional. El golfista se tomó el tiempo para estimar la caída del green. No parecía haber en la trayectoria mucha curva ni mucha subida, así que la golpeó en línea recta. La bola se desvío ligeramente a la izquierda, tocó el borde del agujero, dio una vuelta alrededor de éste, y terminó entrando "por los pelos", como se suele decir.

El millonario apretó los labios y asintió. "Justo lo que había pensado" -declaró. "Ahora comprendo por qué no llegó a clasificarse para el circuito".

Robert, herido por la afirmación, balbuceó: "Pero yo... ¡si he embocado tres putts seguidos! Y lo hice perfectamente en el tee de prácticas...".

"Ya lo sé, ya lo sé" -replicó el anciano. "Tiene talento, como yo pensaba. El problema es que, o bien no cree usted en sí mismo, o no sabe administrar su talento. O ambas cosas, ¡lo cual sería incluso peor! Desgraciadamente, el talento solo no basta".

"Pero yo creo...".

"Conozco a decenas de hombres jóvenes con un talento increíble que se quedan a la mitad del camino, mientras que otros con menor capacidad, pero con una fe inquebrantable en sus propias posibilidades, triunfan hasta alcanzar sus mayores sueños. La clave está en saber cómo sacarle el mayor partido a los dones recibidos desde el nacimiento".

"Bueno, no coincido del todo con usted. Opino que...".

"¡Esa es la razón por la que hay tantas personas brillantes que fracasan en la vida! Tienen excelentes resultados en el colegio, alcanzan un cierto grado y, a continuación, sufren alguna crisis y desaparecen; no se vuelve a oír hablar de ellos. Otros se las arreglan para superar los años de escuela con calificaciones mediocres y, sin embargo, terminan desarrollando espectaculares carreras profesionales y amasando una verdadera fortuna".

Robert se encontraba profundamente afectado por las palabras del millonario, que habían abierto una herida que ya creía curada. Él era uno de esos que se había quedado a medio camino. Como joven golfista, aún en la universidad, había logrado algunos triunfos espectaculares. Más tarde, cuando llegó el momento de entrar en el mundo profesional y de medirse cara a cara con una competición real, había fallado miserablemente.

"Incluso creo que tener mucho talento a veces puede ser un handicap" -añadió el millonario.

"Eso suena como una contradicción", murmuró Robert.

"En realidad, no, si lo piensa bien. El talento es casi como una herencia que se recibe de los padres. A menudo, manejar un montón de dinero o nacer en una cuna de oro, como se suele decir, acaba con todas las cualidades que se necesitan para vivir en el mundo real. Muchos millonarios que conozco nacieron pobres. Han tenido que luchar duro desde su juventud, venciendo terribles obstáculos. Pero es precisamente el hecho de haber tenido que luchar tan duramente, lo que les ha permitido forjar su talento y su buen olfato para los negocios, convirtiendo éstos en finísimos instrumentos que han usado en su favor para lograr más que cualquier otra persona que hubiera heredado un dineral desde su nacimiento".

"Creo que voy comprendiendo lo que quiere decir".

El millonario continuó: "Claro que el talento es necesario, pero no es suficiente. En la escuela, alguien con puro talento suele disfrutar de un período de éxitos sin esfuerzo. Pero cuando prueba su suerte en el mundo profesional y experimenta el fracaso por primera vez, sin estar preparado para ello, no puede superarlo. A menudo se viene abajo completamente. No sabe dominar su talento y, lo más importante, no ha desarrollado aquellas otras cualidades verdaderamente importantes cuando la situación se vuelve dura".

El millonario hizo un alto durante unos segundos para que sus palabras pudieran calar en el golfista. Entonces continuó: "Digamos que yo le ingreso mañana un millón de dólares en su cuenta bancaria...".

Robert sonrió burlonamente. "¡Con ello seguramente se solucionarían la mayoría de mis problemas!".

"Quizás" -dijo el millonario. "¿Pero le llevaría eso al éxito? ¿Sería capaz de hacer algo con ese capital hasta convertirlo en algo propio y hacerlo aumentar? ¿O por el contrario, se sentaría ociosamente sobre él, viendo cómo se estanca y viviendo de los intereses que pudiera obtener de otras personas; gente que, en realidad, haría algo de provecho con ello?".

"No lo sé, yo...".

"Su talento es como ese millón de dólares. Sólo es algo caído del cielo. Usted debe gestionarlo, hacerlo aumentar y prosperar. ¿Empieza a comprender por qué no tuvo usted éxito en el circuito?".

Robert torció el gesto. "Sí, creo que sí. Y ello me deprime".

"Al contrario, ¡debería alegrarse! Hoy es un gran día para usted. ¿Por qué? Porque el primer paso hacia el éxito es saber lo que le ha hecho errar en el pasado. La causa de su fracaso es como una espina que tuviera clavada en el pie desde hace mucho tiempo -tanto, de hecho, que cree que ésta forma parte de usted, siendo otra parte de su pie-. Probablemente usted lo asume como un defecto de naci- miento. Pero cuando sea consciente de que lo que ha esta- do molestándole durante años es en realidad una espina, y que ésta puede ser extraída del cuerpo, bien... Ya le dije que no son sino buenas noticias, ¿no está de acuerdo?".

"Supongo que sí, si es que realmente puedo quitarme esa maldita cosa".

"Puede que eso sea muchísimo más fácil de lo que usted cree. Todas las actividades en este mundo -me refiero a las carreras, trabajos, etcétera- parecen cosas diferentes desde fuera. Pero para alguien con un ojo bien entrenado, que sepa mirar en el interior tanto como en el exterior, todo resulta más o menos lo mismo. Todo implica una sencilla meta, un simple propósito: enseñar a la gente a controlar su propia mente. Un sabio chino llamado Lao Tze dijo una vez: 'Aquel que domina a los demás es grande, pero quien se domina a sí mismo es aún mayor.' Para un hombre así nada resulta imposible. Puede triunfar en cualquier ámbito que decida. Si usted desea llegar a ser un gran jugador de golf, tiene que aprender a dominar su propia mente.

"Existen cientos de jugadores que consiguen dar golpes extraordinarios en condiciones normales. Pero cuando la competición se vuelve dura, cuando la presión llega a ser realmente fuerte, sólo los que tienen una gran autodisciplina logran evitar errores en el juego. Y sólo es cuestión de un error el echar a perder todo un partido. Todos los grandes jugadores saben que el noventa por ciento del juego es mental. Lo mismo se podría decir de la vida: ambas cosas son simplemente un estado mental".

Robert permanecía callado, profundamente deprimido. Sabía que el millonario estaba totalmente en lo cierto y, sin embargo, todo lo que había dicho sonaba demasiado simple para ser verdad.

"Controlar mi mente... pero yo ya sé cómo hacerlo".

"No lo creo. Si fuera así tendría una fe inquebrantable en sí mismo, como golfista y como hombre. Cuando usted sea el amo de su mente, verá el fruto del éxito como resultado del crecimiento de la semilla de su propia fe. ¿O acaso la razón de que se haya resignado a ser profesor de golf en lugar de jugador no es más que el hecho de que nunca ha creído realmente que podría llegar a ser campeón? Si lo hubiera creído de veras, ¿habría desistido tan pronto?".

El golfista no dijo nada y el millonario continuó: "Dígame una cosa. ¿Cuándo dejó de soñar que podría lograrlo? ¿Cuándo abandonó toda esperanza?".

"Hace tres años".

"¿Qué sucedió exactamente?".

"Oh, bueno, era mi último intento de clasificarme para el circuito. Salí de forma espectacular, y todo lo que necesitaba para mi tarjeta de juego eran 72 golpes en el último partido. Hice 34 golpes en los primeros nueve hoyos, así que creí que ya estaba hecho. Sólo tenía que terminar los últimos nueve hoyos en 38 golpes o menos, y tendría una tarjeta ganadora. Estaba muy nervioso; por primera vez en mi vida, mi sueño estaba a punto de hacerse realidad".

"¿Y qué sucedió?".

"Bueno, tuve algo de mala suerte".

"¿Mala suerte?".

"No sé si esa es la forma correcta de explicarlo. Juzgue usted por sí mismo. En el hoyo diez, un par cinco de cuatrocientos sesenta metros, tenía dos elecciones en mi segundo golpe: o jugar seguro a la calle o tratar de llegar al green, lo cual era arriesgado porque éste estaba protegido por un pequeño lago. Por otro lado, si lograba llegar al green en dos golpes, estaba casi seguro de que podría terminar con otro birdie, de modo que acabar con 38 golpes sería cosa de niños a partir de ahí. Vacilé, sabiendo que tendría que golpear a doscientos metros con una madera desde la calle para poder pasar el lago. Si mi bola caía al lago, podría hacer bogey. Finalmente decidí jugar una bola segura e ir al par con un hierro ocho. Me encontraba sacando el palo de la bolsa cuando oí a alguien a mi espalda gritando desde el público: '¡No hay agallas! ¡No hay pelotas! ¡Va a lo seguro!'.

"Eso me enfureció. No podía cruzarme de brazos y dejar que alguien me llamara cobarde en la cara. 'Mira esto', grité, y dije a mi caddie que sacara la madera tres. El chico entre el público se limitó a reír y dijo: La vas a mandar al agua".

"Desde luego que le deberían haber expulsado por hablarme así, pero ya no podía hacer nada para detenerle".

"Vacilé, pero para entonces otros espectadores ya estaban gritando: '¡Venga, hazlo! ¡A por ello!' No podía volverme atrás. Jugué el golpe, di a la pelota con demasiada poca fuerza y fue directa al lago. Me sentí totalmente humillado, y ni siquiera miré al chico que me había desafiado para hacer aquel golpe. Con la penalidad, llegué al green en cuatro golpes, pero volví a fastidiarla y me llevó tres putts embocar la maldita bola, lo que supuso un doble bogey".

"Esto respecto a mi tarjeta. Simplemente perdí a partir de ese punto. Tres bogeys más en los siguientes seis hoyos. Para cuando ya me había recuperado era demasiado tarde. Acabé con dos birdies, pero mi score final fue de 73, un golpe por encima para salvar mi tarjeta. Por un estúpido golpe. Llegué a marearme."

"Eso es muy interesante" -dijo el millonario.

"¿Interesante?" -exclamó Robert, tratando de contener el enfado repentino que sentía. "¿Le cuento cómo destrocé mi carrera y todo lo que se le ocurre decir es que lo encuentra interesante?".

"Sí. Eso me confirma lo que estaba pensando hace unos instantes. Usted no perdió porque carezca de talento, sino porque carece de control. Si hubiera aprendido a controlar su mente, ninguna cosa que hubiera dicho un espectador le habría molestado. Por lo que parece, usted deja en manos de su orgullo la elección de los palos. El golf, como los negocios, requiere coraje, sin ninguna duda. Pero también hay que aprender a valorar los propios riesgos. En su caso, no necesitaba en absoluto un eagle o incluso un birdie para clasificarse. De forma que corrió un riesgo innecesario, tratando de llegar al green en dos golpes. Un error mental, como usted ve ahora".

"No necesito que me lo recuerde más" -dijo Robert. "He dedicado la mitad de mi tiempo a pensar en ello, y en cómo lo mandé todo al diablo".

Hubo un breve silencio, tras el cual el millonario añadió, "Aquel espectador realizó un encantamiento sobre usted".

"¡Realizó un encantamiento! ¿A qué se refiere?".

"Bueno, en cierta forma eso es lo que hizo. Al pronosticar que usted enviaría la bola al agua estaba condicionando su mente, lo cual es tanto como realizar un encantamiento. Mucha gente lo hace. Puede que no sepan que lo están haciendo, e incluso puede que alberguen las mejores intenciones hacia nosotros. Siempre me asombra que sean tan pocas las personas conscientes del poder de las palabras. En su caso, todo se resume en que unas cuantas palabras, de alguien insignificante del público, destruyeron el sueño de su vida entera".

Robert permaneció en silencio, pensando en lo que el millonario había dicho. Era cierto; nunca hasta ahora había sido consciente del poder que las palabras podían llegar a tener, hasta que alguien se había tomado la molestia de señalárselo, usando el ejemplo de su propia vida como profesional.

"Creo que usted tiene un gran talento" -dijo el anciano. "Por eso, cuando le miro, no sólo veo quién es usted, sino también quién puede llegar a ser, y esa persona es muy interesante. Sé que hay un gran golfista en usted. El problema es que usted lo ignora. Está como dormido. El espejo en el que se mira está deformado. Todo lo que usted ve es un golfista fracasado. Ese es el hombre que me presentaste en la limousine. Pero tan pronto como usted pueda ver quién es en realidad, en cuanto sea consciente de su propia grandeza, su vida se verá transformada para siempre.

Robert sonrió, algo forzadamente. Nadie le había hablado nunca de ese modo. Ni sus padres ni ninguno de sus profesores, ni siquiera un amigo. Nadie excepto -tenía que admitirlo- Clara. Ella siempre había creído en él, desde el principio. Ella había creído en su talento y siempre estuvo dispuesta a apoyarle mientras trataba de clasificarse para el circuito de profesionales. Pero él lo había estropeado.

"Ojalá me hubiera encontrado antes con usted"-comentó Robert.

"¿De verdad? ¿Por qué? ¿No cree que coincidimos con cada persona en el momento exacto en el que debemos coincidir?".

"Quizás. Nunca he pensado en serio sobre ello. Pero creo que siento que es demasiado tarde para mí".

"¿Con treinta años? ¿Demasiado tarde? Debe estar bromeando. Tiene toda su vida por delante. Tiene talento, como ya ha demostrado. Lo único que aún no sabe es cómo dirigirlo, cómo hacer que actúe en favor suyo para su propio beneficio. Quizás sólo debe aprender a prepararse para un torneo. Como dijo el filósofo chino Sun Tzu: 'Un gran guerrero gana la batalla incluso antes de enfrentarse a su enemigo'. Lo mismo se aplica a un gran golfista. Este sabe que el torneo de golf es una batalla, no tanto contra los otros golfistas, sino contra uno mismo. Y se prepara conforme a ello."

"Hace ya bastante tiempo que dejé de entrenar seriamente: ¡desde que renuncié a la competición! No se necesita mucha preparación para dar lecciones a los amateurs con un handicap veinticinco".

"Pero anteriormente, cuando usted aún soñaba con llegar al circuito profesional, habrá tenido algún tipo de preparación especial...".

"Sí, claro, supongo que sí".

"Bueno, ya que estamos en un green de prácticas, ¿por qué no me hace una demostración?".

Robert se encogió de hombros, inseguro de adónde le estaba llevando todo aquello, pensando si no sería todo en vano. Por otra parte, no tenía nada mejor que hacer con su tiempo. El jueves era su día libre en el trabajo, de modo que no había ningún problema. Si hubiera estado solo, probablemente hubiera pasado el día lamentando su ruptura con Clara. Buscar un apartamento, quizás, es lo que debería estar haciendo, dado que ya no tenía un apartamento propio donde vivir, y no podía contar con la hospitalidad del anciano para siempre. Tenía que encontrar un lugar adecuado tan pronto como fuera posible. Y además estaba la cuestión de su coche, el Riviera, destrozado totalmente en el accidente. Tenía que encontrar otro para reemplazarlo.

El anciano interrumpió los pensamientos que se sucedían en su cabeza, todos ellos más bien sombríos. "¿Por qué no comienza con sus ejercicios de calentamiento? Yo daré mientras tanto un pequeño paseo. Estaré de vuelta en unos minutos".

"Muy bien, de acuerdo" -dijo Robert, pensando: 'Ah, qué demonios, ya me ocuparé de lo demás más tarde'.

Capítulo 4

EN EL QUE EL GOLFISTA APRENDE EL MODO CORRECTO DE PRACTICAR

Para cuando el millonario regresaba al green de prácticas, Robert ya había embocado más de cincuenta putts desde diferentes distancias. Su actitud tenía, a los ojos del millonario, quien le observó en silencio durante algunos minutos a cierta distancia por detrás, un aire de despreocupado entretenimiento. De pronto, Robert se sintió sorprendido al ver cómo el millonario se dirigió a grandes zancadas hacia un gran roble que proyectaba su sombra sobre el green, y comenzaba a lanzar dardos sobre su tronco.

Robert esperó a ver qué pasaba a continuación. Como el millonario parecía no darse cuenta de su presencia, probó a pegar unos cuantos putts más, decidiendo dejarlo poco después para dirigirse hacia el árbol.

"No quisiera parecerle descortés, pero ¿qué está haciendo?".

"Lo mismo que usted" -contestó el millonario.

"¿Cómo que lo mismo que yo?".

"Eso he dicho. Exactamente lo mismo que usted. No estoy practicando golf, al igual que usted tampoco. Al menos, no de forma seria. Bueno, en realidad, usted estaba medio practicando, pero practicar a medias produce resultados a medias. No es sorprendente que usted no ganara más a menudo".

"No estoy seguro de comprenderle".

"De acuerdo, trataré de explicárselo. Existen dos formas de practicar el putting. La primera, que es la que usted estaba realizando, ayuda a desarrollar el toque, la estimación de la distancia y cosas semejantes. Es un buen entrenamiento, pero no es suficiente. Al menos, no si usted aspira a ganar un torneo. Para ello hay una segunda forma".

Sin decir nada más, el millonario abandonó sus dardos, dejándolos clavados en el árbol, se encaminó hacia el green y recogió su propio putter, que antes había dejado tumbado en el borde del green. Entonces sacó un trozo de tiza de su bolsillo y trazó una línea desde el agujero, de unos treinta centímetros aproximadamente. Robert pensó que estaba dibujando la trayectoria de un putt.

"Veamos" -dijo el millonario- "¿cómo puedo hacer que esta línea se haga más corta sin tocarla?".

"No lo sé" -contestó Robert después de unos momentos de reflexión, preguntándose qué tendría que ver este truco de magia con el golf. El millonario se inclinó de nuevo y trazó una segunda línea junto a la primera, esta otra de más de medio metro de largo. Cuando la terminó, la primera parecía realmente más corta.

"Bonito truco" -admitió Robert.

El millonario utilizó su putter para acercar suavemente una bola hacia el agujero, dejándola aproximadamente a un metro del hoyo. Era un putt en línea recta con una ligera pendiente hacia arriba, un golpe fácil para alguien del nivel de Robert si se tiene en cuenta que el green estaba perfectamente segado. El millonario se inclinó de nuevo y dejó una pequeña marca de tiza justo detrás de la bola. Entonces se incorporó y dijo: "Vamos con otro acertijo. ¿Cómo puedo hacer que este putt parezca más largo sin tocar la bola?".

"Bueno" -dijo Robert- "si sigo con su razonamiento sobre las dos líneas, todo lo que tengo que hacer es...". En lugar de acabar la frase, colocó otra bola a medio metro del agujero. "Ahí " -dijo- "ahora mi putt parece más largo que el de mi oponente, quien realizó un mejor approach".

"Muy bien" -admitió el millonario. "Aunque no es exactamente lo que yo había pensado".

Buscó en su bolsillo y sacó un billete de mil dólares. "Le apuesto mil dólares a que falla este putt".

Robert miró al anciano con una sonrisa que expresaba medio sorpresa, medio diversión. "Escuche" -dijo- "me gano la vida jugando al golf, incluso aunque no me haya clasificado para la P.G.A. Un putt a un metro, especialmente en línea recta como es éste... bueno, francamente, podría meter veinte seguidos. No quiero llevarme su dinero. Puede que éste no signifique mucho para usted, pero aún así sigue siendo dinero".

"Estoy dispuesto a apostar con la condición de que me deje un par de ocasiones más para recuperar mi dinero".

Aunque no entendía del todo lo que el millonario tenía en mente, Robert estuvo conforme.

"Bueno, si insiste".

Colocó la cabeza del putter detrás de la bola y preparó su posición, asegurándose de que no había ninguna curva oculta ni ninguna caída entre la bola y el hoyo. Al no ver nada por el estilo, no pudo evitar sonreír, saboreando la cercana victoria -iban a ser los mil dólares más fáciles que nunca hubiera conseguido-. Dio a la bola un firme toque y ésta desapareció en el hoyo. Levantando la vista dijo: "¡Ya le advertí!".

El anciano no se inmutó al extender el billete nuevecito de mil dólares. Robert lo metió en su bolsillo, celebrando su buena suerte. El millonario usó su putter para llevar otra bola hasta la misma marca.

"Una nueva apuesta. Diez mil dólares a que pierde el mismo putt".

"¿Diez mil dólares?" -Robert tragó saliva. No podía volverse atrás en su palabra. Había dicho que concedería al anciano una oportunidad de recuperar su dinero, ¿no era así? Pero lo que no había considerado era que la apuesta se vería multiplicada por diez.

Robert preparó el golpe algo nervioso, con una idea martilleándole en la cabeza: ¿Y si fallo? ¿De dónde demonios voy a sacar diez mil dólares? No, no puedo fallar. Voy a embocar el mismo putt. Pero podría pasar. Ya he fallado antes algunos putts cortos. Recuerdo uno a sólo dos palmos...

Trató por todos los medios de despejar su mente. No había vuelta atrás. Examinó la línea de tiro, se dijo que no debía levantar la cabeza al pegar a la bola, algo que a veces sucedía en condiciones de presión. Se repitió a sí mismo que ya había dado ese mismo golpe sin ningún tipo de problema, así que no podía llevarse ninguna sorpresa desagradable, como sucede a veces con un primer intento. Una vez tranquilizado, estaba a punto de efectuar el golpe cuando de pronto pensó en algo y levantó la vista.

"Sólo una cosa. Espero que no pretenda seguir apostando hasta que usted gane, ¿no? Porque, claro, matemáticamente hablando, estoy destinado a fallar antes o después".

El millonario sonrió. "De ningún modo, se lo aseguro".

"De acuerdo entonces...".

Robert se tomó su tiempo para examinar de nuevo la caída del green y encontrarse cómodo en su stance, balanceándose adelante y atrás hasta que su peso estuvo equilibrado sobre ambos pies. Por fin llevó atrás el putter en un arco perfecto, y bien fuera porque estaba impaciente, o porque quería acabar de una vez, o fuera porque diez mil dólares le parecían una enorme suma de dinero, levantó la cabeza justo antes de que el palo hiciera contacto con la bola. Fue un movimiento imperceptible, pero influyó en el golpe, enviando la bola hacia la izquierda del hoyo. Por un momento Robert tuvo el corazón en un puño. Estaba seguro de haber fallado. Observó la manera en que la bola daba en el borde izquierdo del hoyo, describiendo un semicírculo alrededor del borde y deteniéndose en el lado derecho. Podía sentir la sangre latiendo con fuerza en sus sienes. Entonces, como atraída por la fuerza de la gravedad, la bola se tambaleó y, por fin, cayó dentro del hoyo.

Robert lanzó un suspiro de alivio. ¡Dios! Casi había fallado, a pesar de que era un golpe fácil, casi un regalo. Soltó una risa nerviosa que reprimió inmediatamente, pues de ninguna manera quería regodearse, incluso a pesar de verse ahora frente a once mil dólares. El millonario contó el dinero de un fajo de unos veinte billetes de mil dólares, que llevaba siempre encima para poder gastar, y se desprendió de él como si ello fuera una costumbre, como si el dinero no significara nada para él.

Con dificultades para controlar el temblor de sus manos, Robert dobló los billetes y los metió cuidadosamente en su bolsillo. Nunca había tenido tanto dinero junto en su vida.

"Una última apuesta y habremos terminado. Cien mil dólares a que falla el mismo putt".

Sin esperar una respuesta, el millonario sacó la bola de Robert del agujero y la colocó en la marca de tiza.

"¿Cien mil dólares?" -balbuceó Robert.

"Exacto" -dijo el millonario, frío como el hielo.

De nuevo la mente de Robert se puso a trabajar a toda máquina. Tragó un montón de saliva para humedecer su garganta, súbitamente reseca. ¡Cien mil pavos! ¡Qué ocasión! Pero, ¿y si fallaba? Nunca sería capaz de pagar. ¡Tendría que trabajar para el viejo durante los próximos diez años!

En un análisis final, tuvo que aceptar que no podía rechazar el trato hecho. La decisión era simple -tenía que afrontar las consecuencias. Al fin y al cabo sólo era un putt a un metro. Ya había metido dos seguidos. Cierto que casi había fallado la segunda vez por levantar la cabeza en el último momento, pero no volvería a cometer el mismo error dos veces.

Se colocó en posición, trató de sacudirse un poco la tensión que sentía en piernas y manos y, estaba a punto de balancear el putter hacia atrás, cuando perdió el control. Sus nervios parecían venirse abajo mientras una voz en su interior repetía una y otra vez: cien mil dólares... cien mil dólares... Gotas de sudor caían por su frente. Se dio cuenta de que no respiraba -llevaba manteniendo la respiración durante los últimos treinta segundos-. Hizo una profunda inspiración, confiando en que ello le ayudara a recobrar la calma. ¡Cien mil dólares! Con todo ese dinero podría vivir durante cinco años. Incluso podría dejar su actual modo de vida a lo largo de más tiempo. Nunca se había atrevido a pedir dinero prestado a un banco, pues se habrían reído en su cara al ver su saldo. Escuchó la voz recitando la suma una y otra vez en su interior, como si fuera una letanía.

Un metro, un simple putt a un metro, y sería cien mil dólares más rico. Sus manos temblaban, sus palmas estaban sudorosas. Se sintió paralizado por el miedo. De pronto parecía que la trayectoria del golpe no era tan recta como le había parecido antes. Quizás había tenido suerte la primera vez. Quizás el millonario sabía algo acerca del green que él desconocía. Puede que hubieran diseñado una caída oculta en él, lo que explicaba que casi hubiera fallado el segundo golpe.

Recordó un par de putts que ya había fallado antes, muy parecidos a éste, algunos incluso más cortos, y lo deprimido que se había sentido por ello. Tenía que recobrarse. No podía permanecer en ese lugar para siempre. Era ridículo sentirse tan agónico por un putt a un metro. También sabía que cuanto más durara el tiempo de preparación del putt, más duro sería efectuar el golpe. El miedo estaba agarrotando sus músculos por segundos. Su confianza casi había desaparecido, y seguro que ello tendría sus efectos en la estimación del golpe.

Pensó que el anciano estaba pasando un buen rato a su costa. ¡Dios, debía acabar con aquello de una vez! Estaba haciendo una montaña de un grano de arena. Se inclinó de nuevo, miró otra vez al hoyo, llevó su putter hacia atrás. Estaba tan nervioso que la cabeza del putter se desalineó en lugar de ir recta hacia atrás. Robert tuvo la sensatez de detener el golpe antes de hacer contacto con la bola.

Avergonzado, evitó cualquier mirada al millonario y trató de recobrarse, alejándose de la bola y realizando unos cuantos swings de práctica. Sus manos todavía temblaban y sentía una actividad general en su intestino.

El millonario le observaba atentamente, pero se abstuvo de hacer ningún comentario. Su cara no revelaba nada de lo que pensaba, aunque sabía perfectamente por todo lo que estaba pasando Robert. Algo peor que el miedo o la duda se había apoderado del control mental del joven -la terrible certeza de que iba a fallar-. Ya estaba completamente convencido de ello. ¡El putt le iba a costar cien mil pavos! Se le revolvió el estómago, pues la presión le estaba causando retortijones. Nunca había sentido un malestar tan horrible en su vida.

Robert miró al hoyo, después a la bola, de nuevo al hoyo... Su visión se volvió borrosa mientras el hoyo parecía alejarse más y más, haciéndose más y más pequeño...

El millonario acabó por fin con el sufrimiento del golfista -se acercó a la bola y la golpeó con el mango de su putter-, resolviendo el terrible e insuperable dilema de Robert.

"Creo que ahora entiende usted cómo puede lograrse que un putt resulte más largo sin tocar la bola".

Robert se dio cuenta de que el millonario sólo había estado utilizando la serie de apuestas para demostrarle un razonamiento. En realidad, no le había creído capaz de efectuar el putt con una apuesta de cien mil dólares por medio.

"¿Comprende también ahora lo que quise decir con aquello de que era lo mismo lanzar dardos que golpear bolas de golf?".

"Creo que sí. No estaba practicando realmente en serio. En un torneo, un putt a un metro es mucho más largo que aquí".

"Exacto. Y cuando usted tiene que tirar un putt a un metro para ganar su primer torneo, o el Abierto de Estados Unidos por ejemplo, la presión puede llegar a ser un infierno mayor de lo que es una pequeña y amistosa apuesta. No existe modo alguno de que usted pueda mantener la calma y el control si no se toma la práctica más en serio.

"Una parte de la práctica concierne al cuerpo. Esto es lo que ha estado haciendo usted hasta ahora. Ha condicionado sus músculos para que su posición sea la correcta, su swing sea suave, y para saber golpear la bola con cada tipo de palo. Desde luego, todo ello es necesario -no se puede esperar ganar sin su dominio- pero no es suficiente. Cuando llega el momento de jugar bajo presión, tiene que apoyarse en otra clase de práctica, lo que yo llamo la práctica mental.

"No existe ninguna diferencia entre estar ante un putt a un metro, a metro y medio o ante un golpe de approach de cien metros. En condiciones de presión, es la mente la que cuenta, no el cuerpo. Lo importante es ser capaz de controlar la mente, como ya le dije antes".

"Veo su razonamiento, pero ¿no es un poco como lo del huevo y la gallina? Quiero decir, es una situación sin salida. Como un chico que quiere conseguir su primer trabajo: en todas partes le dicen que necesita experiencia, pero no puede conseguir esa experiencia hasta que encuentre un trabajo".

"Ciertamente" -dijo el millonario. "Nada puede sustituir a la experiencia personal. No hay forma de saber cómo se está un domingo por la tarde en la ronda final en Augusta, en el hoyo dieciocho, un golpe por encima de los demás, a no ser que se haya estado allí. Esta es la razón por la que ejercitar la mente es tan importante. Usted no puede trasladarse al torneo de los Masters, pero sí que puede recrear cómo se sienten allí. Puede imaginarse a sí mismo bajo el mismo tipo de presión, enfrentándose a un putt que valga doscientos cincuenta mil dólares, e incluso más aún, un putt que le lleve a ser campeón por primera vez. Debe emplear el poder de su mente para recrear una multitud de gente alrededor del green, visualizando su nombre ahí arriba en el primer puesto de la clasificación, sintiendo realmente la presión de millones de telespectadores sentados en sus sillones, esperando que usted falle o emboque el golpe. Debe darse cuenta de que el golf, aunque sea un juego, puede llegar a ser, bajo ciertas circunstancias, una cuestión de vida o muerte. Los grandes jugadores de golf lo saben. Si no llega a comprender esto, nunca será capaz de controlar su mente sometido a condiciones de presión".

"Tiene razón. Nunca he usado mi mente suficientemente, ni me he tomado el juego seriamente, supongo...".

"En una ocasión" -continuó el millonario- "un amateur preguntó a Jack Nicklaus si había jugado alguna vez un partido por diversión. La respuesta de Nicklaus no habría sorprendido a nadie que conozca la psicología de un campeón de golf. Dijo que nunca jugaba por diversión, sino siempre para ganar, incluso con los amigos. También dijo que nunca había ejecutado un golpe, ni siquiera en un campo de prácticas, sin someterse a la misma rutina, prestando al golpe toda su atención. Algo bastante diferente del modo en que usted ha estado practicando, ¿no cree?".

Robert tuvo que admitir la cuestión.

"Para Nicklaus, cada golpe es importante. Bien, sé que no es fácil imaginar la presión que supone un putt para ganar doscientos cincuenta mil dólares...".

"No, supongo que no. Incluso aunque la parte racional de mi mente pueda concebirlo, todavía sé que un putt de práctica no vale doscientos cincuenta mil dólares, ni que si lo fallo mi vida se desmoronará".

"Bueno, quizás debería sufrir un poco más. Greg Norman -o el gran tiburón blanco, como le suelen llamar- tiene un pequeño truco. Suele disponer veinticinco bolas formando un círculo a un paso del hoyo, y trata de embocarlas todas sin fallar. Si falla una, vuelve a empezar desde el principio. Cuando ha metido las veinticinco seguidas, las coloca a dos pasos. Los días que la cosa va bien, consigue llegar hasta los seis pasos. Para cuando golpea el último putt del círculo a seis pasos, ya está en condiciones de marcharse a casa y darse una buena ducha. Eso quiere decir que, para entonces, la presión a la que se somete ya ha subido bastante. No tanto como en el torneo de Masters, pero es suficiente. Pruébelo, verá como le sirve de ayuda. Norman dice que es una vacuna de confianza. Y para ser un campeón, usted debe pensar como uno de ellos. Los campeones no actúan como la gente corriente. Siempre están esforzándose, analizando, cuestionándose a sí mismos. Reparan en detalles que otra gente pasaría por alto. En otras palabras, usan sus mentes, al igual que sus cuerpos, para realizar el trabajo. Saben que, entre dos oponentes de igual talento, ganará el que tenga mayor fuerza mental.

"Tengo muchos amigos con grandes fortunas y conozco a decenas de millonarios, y me parece que todos ellos tienen dos cosas en común: la pasión por el éxito y una atención casi obsesiva a los detalles. Sus mentes siempre están alerta. Otra gente dedica la mitad de su vida a estar en un cierto letargo, influenciados por una corriente continua de ideas y pensamientos inútiles. Emplean cientos de horas cada día vegetando frente a la televisión, en lugar de preguntarse cómo podrían mejorar sus vidas".

"La gente con éxito está siempre dispuesta a aprender, a mejorar, a desvelar los principios ocultos, las reglas secretas que hacen que el mundo se mueva. Hablan con personas que realmente han triunfado y que pueden ofrecerles algo, ayudándoles a aprender más. No dan nada por sentado. No temen tirar una idea por la ventana, ni admitir que estaban equivocados, y vuelven a empezar de nuevo. Para ellos, las dificultades no son obstáculos, sino oportunidades. Los problemas estimulan su creatividad, alimentan su pasión y su perseverancia".

"Recientemente un amigo me invitó a acompañarle a jugar al Indian Creek Club de Florida. Ray Floyd es un miembro del club. Cuando nos dirigimos al primer tee, vimos a Ray en el green de prácticas, preparando un putt a unos dos metros. Dos horas después volvíamos hacia la casa club y allí seguía Floyd, practicando putts a dos metros todavía. Su caddie nos dijo que no había parado ni una sola vez. Bien, no sé lo que pasaría por la cabeza de Floyd durante aquellas dos horas, pero apuesto a que no era lo que pasaba por la de usted mientras estaba practicando hace un rato".

"No, supongo que no".

"Hemingway reescribió la primera página de *El viejo y el mar* sesenta veces. Edison llevó a cabo diez mil experimentos antes de dar con el invento que iluminaría el mundo. Estaban haciendo la misma cosa, una y otra vez, tratando de desvelar las verdades secretas. Las leyes celestiales que rigen todas las cosas, incluyendo el golf, también parten del mismo orden divino. Al mismo tiempo, buscaban domar a la diosa de la fortuna. Recuerdo una cita de Gary Player, quien dijo: ¡Cuanto más practico, más suerte tengo!".

"Estas personas son como alquimistas en un laboratorio -y un tee de prácticas o un green de prácticas no son otra cosa que el laboratorio de un golfista- tratando de convertir el plomo en oro, y de transformar su ser interior en un campeón. Esto es lo que yo llamo verdadera pasión, y la verdadera práctica, la práctica mental".

El millonario guardó silencio. Robert, profundamente conmovido por sus palabras, no dijo nada.

"Bueno" -continuó el millonario- "practicar es necesario, pero no debemos olvidar que el golf sigue siendo un juego. ¿Qué le parecería un poco de diversión? ¿Le parece que juguemos nueve hoyos juntos?".

Sin esperar una respuesta, se encaminó hacia el primer tee de salida. Su paso era mucho más animado que el hubiera cabido esperar de un hombre de su edad. De hecho, estaba tan lleno de vida que parecía un adolescente, todo nervioso por jugar su primer partido de golf de verdad. Robert fue tras él, seguido por Hal, el sirviente, que hacía de caddie, quien llevaba ambas bolsas de palos sobre sus hombros.

"No parece que haya mucha gente por la zona, ¿verdad?" -comentó Robert. "¿No hay que ir a firmar a algún sitio?".

El millonario se volvió hacia el trabajador y le sonrió. "¿Qué opina, Hal? ¿Debemos firmar esta mañana?".

Robert notó que estaban bromeando sobre su comentario y, de pronto, comprendió el porqué.

"Usted es el propietario del campo, ¿no es cierto?".

"El campo es mío, en efecto" -contestó el anciano con un brillo especial en los ojos- "pero eso no quiere decir que el juego sea mío. Esa es una de las razones por las que me gusta el golf tanto: siempre es un desafío, como se podrá comprobar".

Robert llevó la mirada del millonario al empleado y vio que los dos sonreían como lobos ante un redil de ovejas. ¡Probablemente no era la primera vez que el anciano atraía a uno de sus invitados a un partido!

Capítulo 5

EN EL QUE EL GOLFISTA DESCUBRE ALGUNOS DE LOS MISTERIOS DEL GOLF

El millonario invitó a Robert a salir en el primer hoyo, pero el joven insistió en que su anfitrión hiciera los honores. Le observó de cerca, extremadamente curioso por ver si el anciano sabía jugar tan bien como hablaba. El millonario clavó su tee y colocó cuidadosamente la bola sobre él, como si la altura fuera de extremada importancia. Entonces se retiró hacia atrás y oteó en la distancia, como si estuviera buscando un punto concreto de la calle. Cuando se dio por satisfecho, se colocó en posición, concentrándose durante un instante y, a continuación, con un swing perfectamente fluido, hizo un buen contacto con la bola, mandándola hacia el cielo. La bola botó en el centro de la calle y se detuvo a una distancia que Robert calculó que oscilaría entre doscientos y doscientos diez metros, algo muy respetable para un hombre de la edad del millonario.

"¡Bonito golpe!" -comentó Robert.

"Gracias" -dijo el millonario mientras recuperaba el tee.

Aunque Robert no se sentía humillado en modo alguno por la pequeña lección en el green de prácticas, su orgullo se había visto avivado, por lo que estaba decidido a demostrar todo lo buen jugador que en realidad era. Lanzó un formidable drive, de casi doscientos setenta y cinco metros, en medio de la calle.

"¡Impresionante!" -comentó el millonario. "¡Parece que se ha tomado todos los copos de cereales de su desayuno!".

"¡Ningún día dejo de hacerlo!" -bromeó Robert, mientras buscaba su tee. Lo guardó en su bolsillo y acompañó al millonario hacia la calle, admirando la calma del anciano y su rostro benévolo.

El millonario no se tomó mucho tiempo para pensar su siguiente golpe y le pegó bien con un hierro seis, dejando la bola a unos tres metros de la bandera.

"¡Un bello golpe!" -dijo Robert, impresionado de verdad.

"Gracias, otra vez" -replicó el millonario, sin mostrar la más mínima señal de euforia, como si diera golpes como aquél todos los días.

Robert caminó hacia su propia bola, a sólo unos cien metros del green, protegido por un gran bunker. Eligió un pitching wedge, golpeó la bola con demasiada suavidad y ésta terminó en la arena.

"¡Maldita sea!" -gritó, incapaz de disimular su frustración.

"¿Qué ha sucedido?" -preguntó el millonario.

"La di demasiado suave".

"Sí, ya lo veo. Pero, ¿por qué?".

"¿Como que por qué? Oh, no lo sé, simplemente fue un mal golpe, eso es todo".

"Me temo que no sea así. Tiene que ver más allá para

encontrar la respuesta, o de otro modo seguirá dando 'malos golpes', como usted los llama. La gente que triunfa, no importa a qué se dediquen, siempre va más allá de las apariencias. Nunca se contentan con respuestas fáciles. Quizás por eso usan la expresión 'me he hecho a mí mismo'. A lo mejor deberían decir 'me he pensado a mí mismo'. Las personas que aprenden a pensar por sí mismas poseen la clave del éxito".

El millonario hizo una breve pausa y continuó. "Ahora piense en ello -haga un verdadero esfuerzo- y dígame, ¿por qué falló el golpe?".

Robert frunció el ceño como si estuviera tratando de obtener una respuesta adecuada y, finalmente, se dio por vencido.

"Sinceramente, no puedo decirlo".

"De acuerdo, déjeme ayudarle. Creo que simplemente ha caído en uno de los estados oscuros del golfista".

"¿Estados oscuros del golfista?" -dijo Robert, pensando si no sería otra de las bromas del anciano.

"Eso mismo, 'estados oscuros del golfista'. Ya le dije antes que para llegar a ser un gran golfista usted debe aprender a controlar su mente. Bien, partiendo de todo lo que he visto, yo diría que las mentes de los golfistas tienden a oscilar entre dos estados distintos y opuestos: los estados brillantes y los estados oscuros. Cuanto más cultive sus estados brillantes, más capaz será de prevenir por sí mismo el fracaso antes de comenzar a jugar, y más torneos ganará. Ganar en competiciones de alto nivel es difícil, lo reconozco. Pero, de alguna manera, ganar es fácil. Todo lo que tiene que hacer es entrenar su mente, desarrollar la disciplina adecuada para controlar sus pensamientos y emociones, de forma que siempre pueda sacar lo mejor de sí mismo y evitar los momentos de dudas y temores. Si es capaz de llegar a hacer eso, ganar le será fácil. Llegar a dominar el juego del golf no es nada comparado con llegar a dominar la propia mente".

"Eso que dice es bastante intrigante. ¿Qué son exactamente los estados oscuros del golfista?".

"Bueno, los estados oscuros del golfista, como yo los llamo, están formados por todos los hábitos negativos y antiguas costumbres, a menudo inconscientes, que le impiden realizar golpes que usted sabe que puede dar. Esta es una de las razones por las que se juega de forma diferente cuando se practica y cuando se está en un torneo. Los estados oscuros no aparecen con tanta frecuencia durante la práctica. Pero jugar bajo presión es diferente. Ahí es cuando un verdadero ejército de dudas y miedos le asaltan a uno. Si no es capaz de enfrentarse a ellos, los resultados pueden ser catastróficos. Fíjese en su último golpe, por ejemplo: ha realizado un gran drive, y a continuación ha caído en el mismo error que tantos otros golfistas -se ha dejado distraer por un sentimiento de orgullo. ¿Resultado? Ha enviado la bola directamente al bunker, incluso a pesar de que el golpe era relativamente fácil para alguien de su categoría".

"Admito que quizás no estaba suficientemente concentrado, pero no veo qué tiene que ver el orgullo con ello...".

"Puede que no lo vea, pero yo sí. Sin darse cuenta, ese gran golpe que dio desde el tee, ha exaltado su orgullo y le ha hecho bajar la guardia. Ello también ha satisfecho una misteriosa sed dentro de usted, un sentimiento que puede que sea la razón por la que tantos millones de hombres y mujeres en todo el mundo encuentran el deporte del golf tan fascinante".

"¿Ha dado usted con ello?" -dijo Robert, medio en broma. "Llevo jugando más de veinte años y todavía no tengo la menor idea de qué es lo que atrae a tanta gente a este juego. ¿Qué quiere decir con sed?".

Como de costumbre, el millonario, a imitación de Sócrates, el gran filósofo, contestó a Robert con otra pregunta.

"¿No se ha fijado nunca en cómo describe la mayoría de la gente un buen golpe?".

"No, no lo he hecho".

"Bueno, pues utilizan la palabra bonito. '¡Bonito golpe!' o '¡Guau, un bello golpe!' Desde luego que también se oyen cosas como 'buen tiro' o 'un golpe excelente'. Pero 'bonito' suele ser un adjetivo bastante común. Esta es la razón por la que incluso los profesionales se sienten halagados después de ejecutar un buen golpe, y pierden la concentración. Todos estamos sedientos de belleza".

"Y después de tomar una bebida refrescante, uno deja de estar sediento. ¿Es eso lo que piensa?".

"Precisamente" -dijo el millonario con satisfacción.

"Quizás esa es la razón por la que los jugadores con los drives más potentes raramente ganan en los torneos" -reflexionó Robert.

"¡Eso también es cierto! Lanzar drives potentes alimenta el orgullo, y éste le lleva a un estado oscuro. La fuerza equivale a la masculinidad. Los chinos lo llaman yang, el principio masculino, asociado al cielo, a la abstracción, al fuego. Los golpes de approach y los putts son mucho más femeninos, o yin, lo concreto, el principio terrestre, que se asocia con el agua. Si usted piensa en ello, un golpe desde el tee tiene mucho que ver con el cielo. Los drives vuelan alto y recorren la mayor parte de la distancia por el aire, libres de las imperfecciones de la tierra. Un putt, por el contrario, es el golpe menos abstracto que hay; rueda a lo largo del suelo firme, siguiendo incluso el relieve de los abultamientos y hendiduras del green. En este sentido, se tiene mucho menos control sobre los putts que sobre un drive, el cual puede alcanzar una cierta perfección abstracta".

"Yo también he notado eso mismo. Los chicos muy machotes nunca llegan a ser buenos jugadores de golf ".

"Precisamente: porque el jugador completo, como el hombre completo, está perfectamente equilibrado. Los principios masculino y femenino, juegan papeles muy importantes en el juego del golf, y deben mantenerse en armonía. Para llegar a ser un gran jugador, un golfista debe saber cómo usar su driver, sin duda. Pero también tiene que apreciar la más misteriosa, impredecible y secreta habilidad de efectuar un putt delicado o un bello golpe de approach".

"Sí, recuerdo algo que dijo Jack Nicklaus" -comentó Robert, cuyo entusiasmo iba en aumento. "Dijo: no es bueno tener un driver de un millón de dólares si se tiene un putter de un dólar".

"Exacto".

Para entonces los dos hombres habían llegado al green. Robert descendió por el borde del bunker, midió su golpe y pegó uno aceptable con el wedge que quedó a unos tres metros del hoyo. El millonario embocó su putt logrando un birdie, mientras que Robert lo falló, dejando la bola a unos dos pasos y medio pendiente abajo, todo ello empeorado una marcada curva a la derecha, listo para hacer un bogey. A pesar de sus esfuerzos, también falló éste, y tuvo que resolver para un doble bogey. No hace falta decir que no estaba del mejor ánimo cuando se dirigieron hacia el tee del segundo hoyo.

Capítulo 6

EN EL QUE EL GOLFISTA APRENDE A NO DEJARSE INFLUIR POR LOS ACONTECIMIENTOS

Shakespeare escribió una obra titulada *Lo que bien empie-za, bien acaba*. El recorrido de Robert en el campo parecía que iba a demostrar exactamente lo contrario. Aunque la segunda calle era ancha y libre de bunkers, envió su drive bastante a la derecha, al rough.

"¿Qué ha sucedido esta vez?" -preguntó el millonario. "En el campo de prácticas le estuvo pegando bien".

"No sé qué me ocurre. Estaré teniendo uno de esos días tontos, supongo".

"No lo creo. Está usted cayendo en los estados oscuros del golfista. Tiene que ser firme, luche por salir. No se deje influir por los acontecimientos externos, en este caso por su último golpe. En vez de decidir cómo va a jugar, está usted dejando que los acontecimientos determinen su forma de juego".

"Mire, soy un ser humano. He comenzado el partido con un doble bogey. Creo que es normal estar algo disgustado".

"Puede que sea lo normal, pero eso no hace que sea lo correcto. El golfista que usted desea ser no debería dejarse influir por el último hoyo ni siquiera un poco, especialmente si en éste jugó mal. Tiene usted que decidir, de una vez por todas, quien manda aquí. Si no lo hace, nunca ganará. ¡Un mal golpe en los primeros momentos y todo su juego se vendrá abajo!".

"Sabe, es divertido que lo mencione, porque algo que he notado en mí mismo es que si tengo un mal comienzo, tardo tres o cuatro hoyos en recuperarme".

"¡Y así es como pierde usted en los torneos! Esos tres o cuatro hoyos son los que marcan la diferencia. Los grandes jugadores desarrollan una asombrosa capacidad de estar inmersos en el presente; para ellos sólo existe el tiempo presente. Pueden ser brillantes incluso a pesar de haber caído poco antes en un estado oscuro. Se concentran totalmente en cada golpe, poniendo todo su corazón en lo que están haciendo, sin importarles lo que haya sucedido en el hoyo anterior. Se ven absolutamente absorbidos por el momento, porque saben que las acciones sólo tienen trascendencia en el presente. Pasara lo que pasara en el pasado -tanto si fue en su último hoyo, o en el último partido, o en el último torneo-, ello no significa nada. Tampoco piensan en el futuro porque nada pueden hacer por alterarlo. Además, ¡no se puede dar el tercer golpe antes del segundo!".

"¡Está claro. Eso no lo puede hacer ni el mejor jugador del mundo!" -observó Robert.

"Y a pesar de ello " -insistió el millonario- "¿cuántos gol-fistas no pierden la cabeza y cometen grandes errores por estar tan nerviosos ante la importancia del torneo, en lugar de concentrarse en el golpe que tienen entre manos?".

"¡No me hable! A mí me sucede constantemente".

El millonario jugó un decente golpe con un hierro siete, pero quedó un poco corto, con la bola en la corona del green. Antes de que Robert tuviera oportunidad de jugar su golpe, el millonario volvió a hablar.

"Imagine que se encuentra en un torneo muy impor-tante y que, después de quince hoyos, está usted cuatro bajo par. Si hace usted un doble bogey en el dieciséis...".

"Pues estaría muy disgustado".

"Por supuesto que estaría disgustado, pero ¿podría evitar ese doble bogey que usted ya haya jugado bien los prime-ros quince hoyos?".

"No".

"¿Y cuenta más en su tarjeta un doble bogey en el pri-mer hoyo que uno en el hoyo dieciséis?".

Ya veo lo que quiere decir. Sólo que tener una mala salida es más deprimente. Un doble bogey en el hoyo dieciséis cuando se está con cuatro bajo par no es tan descorazonador".

"Bien, eso es exactamente lo que debe aprender a evitar si quiere ser un gran jugador, un verdadero campeón. Si no lo hace, no realizará ningún progreso de verdad porque siempre se dejará influir por un mal comienzo. Podría estar dos golpes por delante, el último día del torneo de Masters, pero si comienza el partido con un doble bogey y se viene abajo, está perdido. Del mismo modo, rendirse más adelante, a punto de acabar el partido, sería una pérdida de tiempo. Tiene que cultivar un sentimiento distante, pues de otro modo los estados oscuros del jugador aparecerán inevitablemente. Debe ser capaz de observar su propio juego como si fuera el marcador de la tarjeta, para quien un bogey sólo es un bogey, nada más, no importa cuándo suceda. A la tarjeta no le importa si los golpes son importantes o no. Cada tiro cuenta como un golpe.

"¡Cuántas veces habrá perdido usted un partido o un torneo pensando, 'si hubiera puesto más atención en aquel putt a medio metro', o 'si no me hubiera enfadado, habría salvado aquel doble bogey'! ¡Hubiera podido dar un golpe excepcional, habría podido ganar...! Los grandes golfistas consideran cada golpe como los padres imparciales tratan a cada uno de sus hijos. Son perfectos demócratas. No favorecen a uno más que a otro y les dan todo lo que esté en sus manos sin tener en cuenta su talento o habilidades personales".

"Trataré de esforzarme en ello".

"Un golpe fallado no significa nada y no debería tener influencia en el siguiente. Desgraciadamente, demasiados jugadores reaccionan ante un mal golpe o un mal partido como algunos empresarios que conozco -encuentran un obstáculo cuando están empezando, fracasan, y nunca llegan a recobrarse. Y eso aunque siguen poseyendo habilidades extraordinarias. Muchos de ellos tenían mayor talento del que tengo yo, tenían las amistades y los contactos adecuados, y un buen capital con el que funcionar. Si yo hubiera pensado como ellos -y utilizo la palabra 'pensado' intencionadamente- no estaríamos aquí hoy jugando en mi campo privado. ¡Ya no recuerdo cuántas veces me he recuperado del fracaso…!".

"Ojalá pudiera hacer yo eso mismo" -dijo Robert.

"Lo hará, lo hará. Pero le enseñaré un truco para cuando pase malos ratos con sus emociones. Lo suelo llamar el método del 'stop'. En realidad es bastante sencillo. Observe sus pensamientos antes de dar un golpe. Si siente que un estado oscuro empieza a dominarle, si ve que este bandido de la mente aparece, dispuesto a llevarse su tesoro -su confianza y su paz mental- dígase: '¡Stop!'. Hable a sus pensamientos como si los considerara simples molestias, pequeñas pruebas a su carácter. Yo siempre confié en que tendría éxito, que alcanzaría mis objetivos y que llegaría a ser la persona que deseaba ser. La vida es extraña. Cuando ésta percibe que no estamos dispuestos a rendirnos -no importa el tipo de obstáculos que se interpongan en nuestro camino- y cuando ve que nada puede minar nuestra determinación y entusiasmo, entonces, como una enamorada que finalmente se rindiera tras un largo noviazgo, nos entrega todo lo que le pedimos".

"Le creo, pero parece más fácil decirlo que hacerlo".

"Bueno, es fácil mantener un estado de ánimo positivo cuando las cosas van bien. Cualquiera puede hacerlo, aunque haya gente que incluso se queje en dichas circunstancias. Lo duro es actuar como un gran jugador, como un campeón, y mantener la mente serena incluso cuando las cosas comienzan a ir mal. Esto mismo es lo que trato de hacer en los negocios. Durante los momentos duros siempre hago dos cosas: primero, me aseguro de adoptar todas las medidas necesarias para solucionar el problema, y segundo, me digo: 'no te agobies, no te asustes, no dejes que esto te hunda. Hay tiempo de sobra para ser desgraciado, así que, ¿por qué no dejarlo para mañana?'. Y si las cosas siguen yendo mal al día siguiente, me digo que aún puedo esperar otro día más a la desgracia, y que mejor sería aprovechar el tiempo para remediar la situación. ¡Casi siempre las cosas se resuelven antes de llegar al momento de deprimirme! Recuerde que las únicas personas que se benefician de sus preocupaciones son los médicos y los psiquiatras. Y que la única cosa que realmente se puede controlar en la vida es el propio estado de ánimo".

"Trataré de recordarlo" -dijo Robert.

"Un gran jugador mantiene tal distancia mental, que puede examinar cada golpe al nivel de la pura información, sin entrar lo más mínimo al nivel emocional. Es como si sus propios golpes fueran los de otra persona. De hecho, así es como lo ve; ¡un mal golpe es cosa de alguien ajeno porque la persona que lo ha ejecutado no estaba a la altura de todo su potencial! Es como si alguien diferente les hubiera relevado durante un momento y hubiera fallado, al dejar aparecer un estado oscuro. Lo asombroso es que cuanto más deje que aparezcan sus estados brillantes en el juego, más influirá todo ello en los demás aspectos de su vida. Las personas capaces de dominar un aspecto, llegan a ver cómo se transforma su vida entera. Y reaccionan del mismo modo ante las malas noticias, los contratiempos profesionales o las desilusiones personales, así como ante un mal golpe, claro. En lugar de recrearse en ello y deprimirse, permanecen distantes y perfectamente equilibrados. Analizan las razones de su error, toman las medidas apropiadas para corregir la situación y siempre tratan de hacer las cosas lo mejor posible, confiados en que en el futuro cosecharán los beneficios de todas sus acciones".

"Bien, estoy de acuerdo en que permanecer distante es lo correcto. Pero hay algunas situaciones en las que es difícil no responder emocionalmente. Ciertos golpes son más importantes que otros. Uno no puede evitar sentirse nervioso, aunque que trate de ser racional. Las emociones son algo muy poderoso...".

"Y ahí reside una de las paradojas del golf" -replicó el millonario. "Cuando practique, debe llegar a creer que cada putt vale 250.000 dólares o que ése es el que le permitirá ganar el Abierto de los Estados Unidos. Y cuando se encuentre jugando de verdad en un torneo, debe llegar a creer, sólo en ese instante, que incluso el putt más importante no es más que un golpe rutinario en el green de prácticas. Por otra parte, cuando usted desarrolle la habilidad de sacar a relucir las fases brillantes durante todo el tiempo, se dará cuenta de que nada en la vida, tanto dentro como fuera del campo, tiene la menor importancia".

"Yo ya pasé una dura época convenciéndome de eso mismo cuando trataba de clasificarme para el circuito. Recuerdo que me ponía tan nervioso, estaba tan preocupado por fallar el golpe...".

"Eso puede haberse debido a que usted nunca ha experimentado un verdadero miedo. Si lo hubiera hecho sabría que, en última instancia, la vida también es un juego y que las cosas tienen la importancia que nosotros les otorgamos en nuestra mente. Pero, como podemos aprender a controlar nuestras mentes, podemos aprender a mantener un equilibrio bajo cualquier clase de circunstancias. Como ya le he dicho, esa es la paradoja, tanto en el golf como en la vida. Tiene que practicar como si cada golpe fuera una cuestión de vida o muerte y, al mismo tiempo, ejecutar ese putt o ese drive crucial como si sólo fuera otro golpe en el campo de prácticas, o como si simplemente estuviera jugando un partido con unos amigos un domingo por la tarde".

El siguiente hoyo era un par cinco largo con una pronunciada curva hacia la derecha. El millonario propuso a Robert que se diera una licencia y probara a jugar su golpe desde el tee por encima de los árboles, lo cual era la única forma para llegar al green en dos golpes. El consejo no resultó ser totalmente neutral -Robert falló su drive y envió su bola hacia la derecha, que acabó en medio del bosque.

Aunque parezca extraño, en lugar de disculparse por lo que resultó ser un mal consejo, el millonario sonrió con cierta ironía, como si estuviera satisfecho con el resultado. Robert se sintió desconcertado, pero decidió no decir nada a su anfitrión, quien hasta entonces había sido tan considerado.

El millonario ejecutó su golpe y los dos hombres, seguidos por Hal, el caddie, marcharon hacia el grupo de árboles donde había desaparecido la bola de Robert. Cuando alcanzaron el bosque, sonó un teléfono. Era el móvil del millonario. Hal se apresuró a sacar el teléfono de la bolsa de palos del anciano y se lo pasó.

"Sí, hola, señor Presidente. No, ningún problema, estoy jugando unos cuantos hoyos con un amigo. Sí, espere un momento, ¿quiere?".

Se volvió hacia Robert cubriendo el micrófono con la mano. "Es el Presidente...".

"Ah" -comentó Robert. Aunque el millonario no había especificado qué presidente, de algún modo supo que se trataba del Presidente de los Estados Unidos, una sospecha que le confirmó una confidencia de Hal: "Ha estado llamando casi a diario desde que dio comienzo la campaña electoral".

"¿De veras?" -tartamudeó Robert, tratando de aparentar despreocupación, al tiempo que pensaba en qué interés podía tener aquel hombre obviamente millonario, y probablemente multimillonario -alguien que vivía en un castillo en una enorme finca en la zona de 'The Hamptons', que poseía su propio campo de golf y que hablaba con el presidente de los Estados Unidos regularmente- en tratar con un don nadie como él, un golfista profesional que a duras penas se ganaba la vida, y que era un claro fracaso, al menos a sus propios ojos. Por un instante pensó que a lo mejor estaba soñando y casi esperó despertar en la habitación de algún hotel de poca categoría. O quizás el accidente, unido al hecho de la separación de Clara, le habían hecho perder la cordura. Quizás estaba loco, delirando, como uno de esos casos psiquiátricos de personas que se creen Napoleón o Julio César o -¿por qué no?- el Presidente del país. Después de todo, ¿no había soñado a menudo con encontrarse con alguien como el anciano millonario, un mentor, un ángel guardián que le tomara bajo su protección y le ayudara a hacer sus sueños realidad?

Para asegurarse de que no soñaba, deslizó su mano en el bolsillo y buscó los billetes de mil dólares que había ganado en el campo de prácticas. Sí, estaban allí, bien nuevecitos y bien reales. De modo que no estaba soñando, después de todo, a menos que también éstos fueran parte de su fantasía. Sacó uno de los billetes y lo miró. Parecía bastante real, a no ser que su imaginación tuviera una asombrosa capacidad de recrear hasta el mínimo detalle...

Se fue alejando hacia los árboles para buscar su bola. El terreno estaba libre de ramas. Los rayos del sol penetraban a través de las copas, creando una atmósfera irreal. No obstante, encontrar su bola entre las hojas, piedras y agujas de pino, no prometía ser una tarea fácil.

Se adentró en el bosque. Probablemente la bola habría golpeado en un árbol y rebotado en Dios sabe qué dirección. Y dado que la diosa de la fortuna nunca había sido su compañera de golf -al menos así es como él lo veía- estaba seguro de que la bola habría optado por el peor rebote posible, y yacería en algún lugar donde no la encontraría jamás.

Llevaba buscando unos cuantos minutos cuando vio un pequeño zorro agazapado junto al tronco de un árbol. Tuvo el extraño presentimiento de que el animal le estaba aguardando. Entonces vio la bola entre las patas delanteras del zorro. Con cuidado comenzó a avanzar hacia él, tratando de no asustar al animal, pero en cuanto lo hizo, el zorro tomó la bola en sus fauces y salió trotando hacia el bosque.

Robert escuchó una voz detrás de él diciendo: "¡Ven Freddy, devuélvele la bola a nuestro amigo"!

Se volvió y vio al millonario. El pequeño zorro trotó hacia Robert y soltó la bola para, a continuación, dirigirse hacia el millonario, quien se inclinó y acarició al animal entre las orejas.

"Buen chico, Fred" -susurró el millonario. "Eres un buen chico".

Robert recogió la bola y examinó la marca para asegurarse de que era la suya.

"¡Sí, Fred!" -dijo, mientras se preguntaba qué más podría pasar a continuación. "¡Gracias por la bola!".

Capítulo 7

EN EL QUE EL GOLFISTA APRENDE EL SECRETO DE LA IMITACIÓN

Al salir apresuradamente del bosque después de haber golpeado su bola, y aún maravillado por la viveza del zorro, Robert metió por descuido el pie en un profundo charco, manchando su zapato derecho de barro.

"¡Demonios!" -murmuró- "ni siquiera son mis zapatos".

Avanzó lentamente por la calle y se sintió muy agobiado cuando el millonario descubrió su zapato lleno de barro antes de que le hubiera dado tiempo a limpiarlo.

"Yo... bueno... ¡supongo que no vi el barro a causa de los árboles!" -bromeó Robert.

"No se preocupe por ello" -señaló el millonario. Hizo un gesto a Hal, el caddie, quien sacó unos útiles para limpiar zapatos de una de las bolsas de golf, y se los dio a su jefe.

"Vamos, yo me ocuparé de ello" -dijo el anciano.

Robert se acercó a él sin entender bien lo que se proponía, sorprendiéndole el hecho de que el millonario se arrodillara delante de él y comenzara a desatarle los cordones de su zapato derecho.

"¿Qué está haciendo?" -exclamó Robert, horrorizado al ver a alguien de la edad del millonario arrodillado delante suyo como un sirviente.

"¿Que qué hago? Le estoy quitando el zapato, eso es lo que hago. Levante el pie un momento, ¿quiere?. Si no colabora, no podré ayudarle".

Robert hizo lo que le decía. El anciano sacó el zapato y lo dejó en el césped. Entonces abrió la caja con los útiles y sacó un par de trapos, un cepillo para zapatos y algo de betún. Mientras se ponía manos a la obra, explicó: "debemos ser humildes con toda persona que conozcamos. Cada ser es único, una brillante copa que contiene la sabiduría de su propia experiencia. Si me sitúo por encima de las personas que conozco, éstas no podrán vertir su sabiduría en mi copa. Pero si me coloco por debajo de ellos, su saber fluirá de forma natural hacia mí, arrastrada por una especie de gravedad espiritual. La técnica se denomina a veces "sintonizar" con los demás, y es una actitud mucho más importante de lo que la gente llega a comprender. Esto es así porque nadie se cruza en nuestro camino por accidente. Cada persona, incluso el vagabundo más miserable o la persona de carácter más agrio o difícil, tiene algo que enseñarnos. Todos nos ayudan a forjar nuestro carácter y a desarrollar nuestra habilidad para querer a los demás. En este sentido, cada persona es un maestro espiritual en potencia. Mientras permanezcamos en conflicto con alguien, mientras no estemos en armonía con esa persona, él o ella aún tendrán algo que enseñarnos. Siempre hay algo de nuestro carácter que necesita ser mejorado. Siempre que usted se encuentre en conflicto o sufra un revés, tanto en el trabajo como en su vida personal, hágase las siguientes preguntas: ¿Qué me puede enseñar esta situación o esta persona? ¿Por qué le he conocido en este instante particular de mi vida?

"Cuando encuentre la respuesta, habrá aprendido una nueva lección y habrá dado otro paso en el camino hacia la sabiduría. Al mismo tiempo, el conflicto o problema que estuviera experimentando desaparecerá automáticamente. Demasiada gente ignora esta regla, siendo tan sencilla como es. No apreciamos a los demás porque nos falta humildad. Estamos ciegos mientras caminamos por la vida. Sostenemos un espejo ante nosotros, y sólo nos vemos a nosotros mismos. Somos incapaces de ver a nadie más. Es por esto por lo que la mayoría de la gente siempre cree que está en lo cierto y que los demás están equivocados. Nunca llegan a comunicarse realmente; se limitan a decir lo que piensan. Cada uno termina aislado, incomunicado dentro de su propia cápsula. Esta es la razón por la que las guerras se han sucedido durante siglos: porque nadie trata de ver el punto de vista del otro antes de juzgar".

Hizo una pausa y su expresión, que se había vuelto sombría, pareció volver a recobrar su luz habitual.

"Bueno" -dijo- "volvamos al asunto de su zapato".

Tomó el zapato y comenzó a quitarle el barro con un trapo. Después de algunos segundos, levantó la vista y dijo: "¡Relájese! ¡Siéntese y tome un descanso!".

Robert le obedeció. Cuando el millonario abrió la lata

de betún, Robert alcanzó un trapo y dijo: "Por lo menos, déjeme hacer eso".

"No, no" -insistió el millonario. "Soy la persona más cualificada para abrillantar su zapato. Si usted se pregunta por qué es así, le diré que he debido limpiar unos diez mil pares de zapatos en toda mi vida".

"¿Diez mil pares?".

"Eso mismo. Comencé a trabajar a la tierna edad de catorce años como limpiabotas. Mi padre murió cuando yo era pequeño y me tuve que mantener yo solo".

"Lo siento. Yo...".

"No lo lamente, Robert. ¿Recuerda que le dije que siempre hay tiempo para sentirse desgraciado, por ejemplo mañana o al día siguiente? Bien, lo mismo sirve a la hora de estar triste o apenado. Guarde su tristeza y lágrimas para cuando las necesite realmente. Es algo extraño, ¿no cree? Nadie sabe en realidad lo que es la muerte, y aún así todo el mundo se pone triste cuando alguien conocido muere. Yo creo que es por puro egoísmo. ¡Quién sabe! Quizás todos los que han muerto estén mirándonos desde las alturas, sintiéndose tristes porque nosotros aún seguimos vivos y deseando de que pronto nos reunamos con ellos".

"No lo sé. No he pensado mucho en ello".

"Es normal. La mayoría de la gente no lo hace. Dejamos que otros piensen por nosotros".

Untó un poco de betún en el zapato de Robert.

"La vida es rara, hay que admitirlo. ¿Sabe? Yo comencé a hacer mi fortuna limpiando zapatos".

"¿Una fortuna? ¿A dos dólares el par de zapatos?".

"Exacto. A menudo las cosas suceden de ese modo. Las cuestiones que consideramos triviales o inútiles llevan a cosas más grandes. Es lo mismo que sucede con clientes que difícilmente proporcionan algo de beneficio, pero que nos presentan a clientes mejores, o nos ayudan a comprender cosas que adquieren un carácter práctico cuando nos vemos envueltos en asuntos de más envergadura. No fueron los dos dólares el par los que me hicieron rico. Fue mi puesto en Wall Street. Hombres muy ricos y muy poderosos de todo tipo se hicieron clientes míos. Y mientras yo limpiaba sus zapatos, hice exactamente lo que acabo de explicarle -dejé que me llenaran de su sabiduría y experiencia-. Les hacía preguntas, escuchaba lo que decían-. Les observaba -cómo vestían, cómo andaban, cómo hablaban. Traté de entender su secreto -cómo se comportaban- para adquirir su carisma y su autoridad. Escuchaba la forma en que hablaban entre sí, y me preguntaba qué les hacía diferentes al resto de la gente... por qué habían llegado a distinguirse de los demás, destacando del rebaño, por así decirlo, y logrando hacer una fortuna. Gradualmente me convencí de que yo también podría formar parte del grupo de élite un día, los pocos afortunados, y pagaría a alguien por limpiarme los zapatos.

"Me di cuenta, además, de que llegar allí no resultaría tan difícil, después de todo, y de que aquellos hombres a quienes tenía tan cerca no eran en realidad más inteligentes que los otros con menos éxito. Lo que los hacía diferentes era su confianza, su determinación. Ellos mismos se veían diferentes de cómo los veía la mayoría. Tenían una imagen de sí mismos totalmente positiva, y una parte de esa imagen requería que sus zapatos los limpiara algún otro. De hecho, algunos de ellos se veían con demasiada arrogancia. Recuerdo un juego al que solía jugar. Con él examinaba mi habilidad para juzgar a las personas, y me demostraba cuáles de mis clientes eran demasiado orgullosos. Incluso con ello gané un par de pavos extras".

"¿De qué se trataba?".

"Bueno, cuando un cliente me pagaba con un billete de cinco dólares, abría mis ojos al máximo y hacía como si estuviera abrumado por su generosidad, dando por supuesto que me lo había dado con la intención de que me quedara el cambio. ¡En cuatro de cada cinco ocasiones fueron demasiado orgullosos para pedirme la vuelta!".

Robert rió. "Tengo que admitir que también hice eso mismo un par de veces dando clases de golf".

"Ahora yo también me río de ello, pero hubo un tiempo en el que fue duro. Yo era huérfano y trataba de ganarme la vida honradamente. Todos tenemos que empezar en alguna parte. En cualquier caso, así es como conseguí mi primer trabajo de verdad. Cometí el error de probar el truco dos veces con una misma persona. Era un hombre de negocios rico y, afortunadamente para mí, tenía buen sentido del humor. Me dio su tarjeta y me dijo que le llamara cuando tuviera dieciocho años. Dijo que me daría un trabajo. Así que, así lo hice, y él mantuvo su palabra. Ya ve, todos los caminos conducen a Roma, pero hay que ser decidido y dar el primer paso".

"O incluso subirse al primer tren que pase por el lugar", bromeó Robert.

El millonario hizo una pausa y miró hacia el horizonte, quizás viéndose de joven, cuando empezaba en la vida. Después de un momento dijo: "Además aprendí algo importante cuando era limpiabotas".

"¿De qué se trata?".

"A toda la gente con dinero le gusta llevar zapatos caros. Seguro que esa es la razón por la que se dice que se puede juzgar la fortuna de un hombre por sus zapatos...".

Robert soltó una carcajada. "Si mi fortuna como golfista fuera juzgada por mi zapato embarrado...".

"Estoy en ello, estoy en ello... no se preocupe".

Era cierto que el millonario trabajaba con extraordinario entusiasmo. Robert estaba admirado de la concentración del anciano. Después de eliminar todas las manchas de barro, extendió la cera tan a conciencia que parecía estar disfrutando con ello. Cuando la cera se secó, comenzó a sacarle brillo al zapato con un cepillo, hablando mientras trabajaba.

"Lo que hacía al observar a aquellas personas era en realidad una clase de imitación, a pesar de que no me daba cuenta de ello en aquel momento. Se dice que nos convertimos en aquello que imitamos, y eso fue lo que me sucedió. Una de las bondades de las leyes espirituales es que éstas actúan sin necesidad de que las comprendamos o sin que siquiera sepamos de su existencia. Todo lo que hay que hacer es aplicarlas con constancia y amor, que es lo que usted tendría que hacer cuando juegue al golf. Estas leyes se extienden a todos los aspectos de la vida. Imitar a las grandes personas que nos han precedido es como escalar yendo sobre los hombros de un gigante. Cuando se alcanza la cima, automáticamente se ve a mayor distancia que los demás, ahorrándose todo el tiempo que le llevó a nuestro predecesor aprender las cosas que hizo. Con otras palabras, no hay que reinventar la rueda. Sólo tiene que hacer lo que yo hice cuando era limpiabotas para ricos agentes de bolsa. ¡Observe en vídeo a los grandes del golf, vaya a los torneos y mire cómo juega el mejor del mundo! Deje que su habilidad y energía le impregnen, hasta que, literalmente, usted se convierta en uno de ellos.

"Desde luego, también deberá desarrollar su propio estilo personal. Usted es alguien único, del mismo modo que cada hermoso golpe en el golf es único. Recuerde que no hay dos huellas dactilares iguales, aún a pesar de que haya miles de millones de personas sobre la tierra. Observando a los grandes jugadores, se absorben sus cualidades, su determinación, su coraje, sin siquiera saberlo. Si hace eso, usted mismo llegará a ser un número uno algún día. Imite a los demás, y al mismo tiempo sea usted mismo... Se requiere inteligencia para ello. Pero primero utilícelo como un objeto de meditación. Contemple a los otros, imagine que usted es ellos. La contemplación es la forma de imitación más noble. Y nunca olvide que muchos de los hombres más grandes fueron una vez excelentes imitadores".

Guardó silencio y continuó sacando brillo al zapato de Robert. Se aplicó con tal entusiasmo -incluso podría decirse con tal amor- que su rostro parecía resplandecer con una luz interior. Tenía la mirada de un niño y sólo era consciente de lo que tenía entre manos. En algún momento se le escapó un sonido entre los dientes. Sonaba algo así como "hum" o "om", como si estuviera entonando alguna sílaba sagrada.

Robert estaba intrigado. Observó sin decir nada y, a continuación, miró a Hal, el caddie, como buscando un consejo de cómo debía comportarse en una situación así. Hal pareció comprender su pregunta silenciosa, sonrió afablemente y se encogió de hombros como diciendo: "No hay nada que pueda hacer para evitarlo, así que mejor que disfrute de ello".

El millonario dejó de cepillar y miró el zapato por un instante. Aparentemente insatisfecho, se puso de nuevo a trabajar. Fue en ese momento cuando Robert tuvo una extraña experiencia. Mirando al millonario, de pronto sintió una especie de corriente pasando por todo su cuerpo, como una descarga de energía. Pensó en lo tenso que había estado durante los últimos días -más aún, durante los últimos meses e incluso años. Recordó su impaciencia de la tarde anterior sólo porque su viejo Riviera no arrancaba. Como si ello fuera algo serio, y como si sus más nimios problemas fueran tan importantes como para arruinar su vida entera. Resumiendo, como si la vida aún le debiera algo.

De pronto se le ocurrió pensar que el millonario, ese hombre mayor que con tanto entusiasmo cepillaba su zapato, era mucho más joven y mucho menos amargado e impaciente de lo que él mismo era. Ese pensamiento hizo que sus ojos se llenaran de lágrimas. Éstas rodaron tan deprisa que tuvo que volver la cabeza, avergonzado, para secárselas.

El millonario dejó el cepillo en el suelo, levantó el brillante zapato de Robert y admiró su trabajo con evidente satisfacción, feliz como un artista ante su obra maestra, o un hombre de negocios mirando el cuadro de beneficios del año anterior.

"Aquí tiene" -dijo- "como nuevo".

"Gracias".

"De nada. La próxima vez le cobraré por horas".

Robert rió, a pesar de que aún se sentía abrumado por los pensamientos de hacía unos instantes. Se calzó el zapato y se dispuso a jugar su siguiente golpe. Antes de que pudiera hacerlo, el millonario le hizo otra pregunta.

Capítulo 8

EN EL QUE EL GOLFISTA DESCUBRE SU PODER INTERIOR

"¿Cuál fue la última cosa que pasó por su cabeza antes de que mandara la bola desde el tee en medio de los árboles?".

"Mi último pensamiento... espere un momento... creo que fue: no envíes la bola a los árboles".

"Eso fue un error".

"¿Un error?".

"Sí. Se dejó caer en uno de los estados oscuros más comunes del golfista: el miedo".

"¿Miedo?".

"Exacto. Además de enfadarse por su doble bogey en el hoyo anterior, lo cual supone otro estado oscuro, ha temido mandar la bola en medio de los árboles".

Robert lo veía de otro modo.

"Yo diría que simplemente desvié mi golpe de salida. Un error que a veces cometo en los momentos que me siento presionado".

"Sí. Pero de lo que quiero que se dé cuenta es de por

qué lo desvió. Y creo que la razón es que usted desconoce el sutil poder del miedo".

Sus palabras despertaron en Robert una curiosidad especial, y escuchó con atención lo que el anciano dijo sobre el miedo.

"Un filósofo dijo en una ocasión: 'Lo que más temo llegará a hacerse realidad.' El temor que usted sintió en el tee se basaba sólo en un pensamiento. Pero fue este pensamiento el que dominó su mente. Todos sus pensamientos tienden a concretarse, y aún más en un partido de golf. El gran psicólogo Carl Jung dijo una vez, 'Todo lo que se agita en el subconsciente lucha por hacerse real'. Los golfistas son especialmente susceptibles a esta ley. Si, en su subconsciente, usted piensa que no merece ganar un torneo, entonces perderá. Si trata de evitar un obstáculo de agua o de jugar un hoyo que siempre le da problemas, aunque no sepa por qué -algunos golfistas los llaman hoyos de pesadilla-, entonces, diciéndose: '¡no mandes la bola al agua!' o '¡no hagas doble bogey como la semana pasada!' sólo aumentará sus probabilidades de cometer el error, en lugar de disminuirlas. ¿Cuántas veces ha escuchado usted '¡Lo sabía! ¡Siempre hago lo mismo!' después de cometer el mismo error dos veces?".

"Entonces, ¿qué debo hacer?".

"Dentro de cada golfista hay, en realidad, dos personas. El golfista exterior, el que vemos, con un gran swing, que practica tres horas al día, o juega una vez a la semana, de tal altura y tal peso. Y también está el golfista interior, a quien nadie puede ver, pero que a veces tiene un poder asombroso. Su jugador interior recuerda todos los acontecimientos del juego de toda su carrera golfística: sus mejores golpes, sus hoyos de pesadilla, sus victorias y sus derrotas. Él marca la diferencia entre alguien que pierde y alguien que gana. Si el golfista interior piensa correctamente, el exterior jugará mejor, sin importar su condición física. Si, por el contrario, el golfista exterior no logra comunicarse adecuadamente con el interior, entonces éste último no pensará correctamente y no tendrá la menor esperanza de triunfo, no importa el número de horas que pase en el campo de prácticas, o cuántos partidos juegue. Y esto es aún más cierto bajo presión, porque cuanta más presión haya, más debe confiar usted en su golfista interior. Él es quien toma las riendas bajo una presión extrema, de modo que, en lugar de hacer bogey en un hoyo, usted pueda ir al bunker y dar un golpe asombroso, que no sólo le salve el par sino que emboque la bola haciendo un birdie. Es su jugador interior el que ejecuta un golpe increíble con una madera tres, dejando la bola a menos de metro y medio de la bandera. Pero también es éste quien falla el putt crucial a un metro del hoyo o el que manda el drive desviado a los árboles, o envía un golpe fácil de approach al lago; ese mismo golpe que usted ha realizado perfectamente cientos de veces mientras practicaba".

"¿Cómo es posible todo eso? ¿Cómo puede ese jugador interior jugar de forma tan brillante un día y tan desastrosamente al siguiente?" -preguntó Robert.

"Bueno, trate de pensar en nuestro golfista interior como si fuera un turista que llega a un país extranjero por primera vez, sin saber hablar el idioma del país. No conoce la gramática ni la sintaxis, y su vocabulario se limita a unas pocas palabras memorizadas en el avión".

"¡Que mi jugador interior es un turista...! No estoy seguro de comprenderle".

"Espere, le explicaré. Imagine que este turista va por una calle desierta de una ciudad que no conoce. De pronto oye a alguien gritando. Se da la vuelta y ve a un hombre de dudoso aspecto haciéndole gestos. El turista se apresura en la dirección contraria, volviéndose hacia atrás para ver que el hombre va tras él. Comienza a correr, dobla la siguiente calle para tratar de escapar y se encuentra en un callejón sin salida. El extranjero le sigue al callejón y trata de hablarle en su lengua materna. Imagine que dice: No soy un ladrón, no quiero hacerle daño".

"Bien, supongamos que fuera el turista. ¿Qué palabras de dicho mensaje cree que habrían destacado en su mente?".

"Las palabras ladrón y daño, supongo" -dijo Robert.

"¡Exactamente!". El millonario estaba satisfecho de que Robert comenzara a entender. "A continuación el extranjero levanta en su mano un objeto y dice: 'Su cartera...' ¿Qué cree que interpretaría usted como turista?".

"Que el extranjero es un ladrón y quiere mi cartera. Si no se la doy, me puede herir, o incluso me podría matar".

"Correcto. Pero el turista busca en sus bolsillos su cartera y se da cuenta de que no la tiene. Levanta la vista lleno de pánico y de pronto reconoce su cartera en manos del extranjero. Éste le sonríe y se la da. Fin de la historia".

"Es un poco como la sensación que tuve cuando me encontré con su zorro en el bosque. Pensé que iba a llevarse mi bola".

Sí, la buena suerte a menudo se presenta con extraños disfraces. Como suelo decir a menudo, más vale esperar a mañana para ser infeliz porque suele llevar tiempo ver a través del disfraz. Pero una vez que se consigue, uno se siente aún mejor por no haberse dejado engañar por las apariencias.

"En cualquier caso, volvamos al golfista interior, al turista. En el último tee, la última cosa que se dijo fue: '¡No envíes la bola a los árboles!'. Como en el caso del turista que no captó la negación en la frase 'No soy un ladrón', su subconsciente captó la palabra árboles, la cual pasó a un primer plano en su mente, lo que provocó el golpe que usted dio, para su disgusto".

"Vale, pero ¿cómo podría haberlo evitado?".

"Simplemente enviando a su subconsciente las órdenes correctas. No digo que usted deba ignorar los obstáculos en la calle. Por el contrario, debe ser muy consciente de ellos, evaluarlos a fondo y no correr ningún riesgo innecesario. Si tiene que superar un obstáculo para alcanzar un green con un desnivel muy marcado, entonces, probablemente, debería apuntar al centro del green en lugar de a la bandera. Esa es la forma de enfrentarse a los obstáculos reales. El siguiente paso, sin embargo, requiere no pensar más en el obstáculo. ¡Ya sabe que está ahí, de modo que ahora borre el maldito asunto de su mente! Y antes de jugar el golpe, lo único que no debe decirse es: ¡no envíes la bola a la arena!".

"Su temor y su vacilación le resultarán desastrosos. Además, si usted no consigue decidir qué palo jugar, digamos el hierro cinco o el seis, asegúrese de disipar todas sus dudas antes de golpear la bola. Si no, enviará un mensaje contradictorio a su jugador interior, e inconscientemente dejará que otro estado oscuro distinto -la indecisión- confunda su mente. 'En caso de duda, no haga nada', dice el proverbio, y es un buen consejo, especialmente aplicado al golf. Elimine los estados oscuros y espere hasta que sepa que ha tomado la mejor decisión. Sólo entonces saldrán a relucir los estados brillantes de juego. Personalmente, siempre confío en una regla que denomino la decisión al cien por cien".

"¿De qué se trata?".

"Bien, es algo que descubrí observándome, algo que la gente debería hacer más a menudo, en lugar de estar atontada frente a la televisión. Al recordar mis primeros negocios, me di cuenta de que siempre que estaba seguro al cien por cien de algo tuve éxito, mientras que, cuando tenía un cierto porcentaje de dudas, fracasé."

"¿Quiere decir que usted también ha experimentado el fracaso?", dijo Robert, sinceramente sorprendido. Había creído que el anciano había llevado una vida llena de buena suerte, libre de fracasos.

"Ciertamente. El fracaso es una parte natural de la vida. Muéstreme a alguien que no haya fracasado al menos una vez y yo le demostraré que se trata de alguien que nunca se ha atrevido a triunfar. Todas las grandes personalidades, lo mismo los artistas, que los científicos, los políticos o los hombres de negocios como yo, han fracasado, algunos en más de una ocasión. Pero cada vez que han caído se han vuelto a levantar y han vuelto a intentarlo, llevados por su fe interior. El problema es que sólo oímos hablar de ellos después de que hayan tenido éxito. Por supuesto que yo he fracasado en alguna ocasión. Si no lo hubiera hecho, no habría podido aprender nada en este mundo, y si no hubiera aprendido nada, no estaría aquí. Tan sencillo como eso".

Hizo una pausa, dando a Robert tiempo para asimilar lo que había dicho, y entonces continuó.

"Pero volviendo a la cuestión de la indecisión... Cuando dude en la elección entre dos palos, o entre dos formas de jugar un golpe -especialmente si se trata de un golpe difícil o de un golpe que le pueda sacar de un apuro- tómese todo el tiempo necesario. Lleva más tiempo reparar el daño causado por una mala decisión, que adoptar la decisión correcta. Un par de minutos más no van a hacer daño a nadie. Pero una vez que tome una decisión, no se la cuestione. Deje todas sus dudas a un lado, prepare el golpe con plena confianza y juéguelo".

"Cuando usted deja que le influya el miedo o la duda, se deja caer en un estado oscuro y, de ese modo, ignora su estado más brillante. Hay que avivar la luz que brilla dentro de usted y hacerla resplandecer a la vista de todos. En realidad es algo muy fácil de hacer, excepto durante el noventa y nueve por ciento del tiempo en el que la gente se olvida de ello, lo que explica el motivo de por qué el noventa y nueve por ciento de la gente que juega al golf no son grandes jugadores".

Capítulo 9

EN EL QUE EL GOLFISTA APRENDE A VISUALIZAR SUS GOLPES

El golfista miró al anciano y pensó: 'Nadie me había hablado así nunca. Con tal atención. Con tal afecto. Como si fuera mi padre. Como si yo fuera su propio hijo...'.

El millonario dijo: "Déjeme explicarle otra gran ley espiritual, una que se aplica tanto al deporte del golf como a las demás cosas".

"Soy todo oídos" -comentó Robert, curioso por aprender más.

"Cada pensamiento, cada imagen que cobra vida en nuestra mente, tiene una existencia concreta y muy real. Además, los pensamientos e imágenes tienden a traducirse en sucesos en el mundo real. Por eso todos los grandes golfistas que son grandes pensadores y no sólo máquinas lanzapelotas, como mucha gente cree, visualizan sus golpes antes de ejecutarlos. Uno de los mayores golfistas de todos los tiempos, Jack Nicklaus, dijo: Lo primero que hago es visualizar la bola en el lugar donde quiero que esté, bien clara y bien blanca, reposando sobre el green. A continuación, hago un cambio de escena y veo la bola volando por el aire, dirigiéndose al punto exacto donde quiero que vaya. Imagino perfectamente su trayectoria, su altura, veo cómo describe un hook o un fade y, finalmente, cómo bota en el césped hasta pararse. Entonces veo una especie de fundido en negro y, en la siguiente escena, me veo efectuando el swing que hará ese golpe realidad".

"Fred Couples hace más o menos lo mismo. Justo antes de golpear la bola, visualiza el mejor golpe que haya hecho nunca con ese palo en particular y trata de repetirlo. De este modo se comunica con su golfista interior, empleando una orden visual. No dice: 'No debo pasarme del green' o 'no debo mandar la bola al obstáculo'... Simplemente excluye esas imágenes, eliminando la posibilidad de un error al visualizar el golpe que quiere jugar, sin dejar un espacio para malentendidos o contradicciones, que tan frecuentemente suceden cuando se piensa con formulaciones negativas. Todo lo que ven es el resultado ideal".

"El mismo Jesús, el mayor psicólogo de todos los tiempos -y que habría podido ser un excelente jugador de golf, por cierto- pidió a sus discípulos que hicieran lo mismo cuando les dijo: 'Cuando recéis, rezad como si ya hubierais obtenido aquello que pedís, como si todos vuestros deseos hubieran sido concedidos'. No dijo: Pensad en todos los obstáculos que pueden evitar que vuestros sueños se hagan realidad y examinadlos, calibradlos cuidadosamente y guardaos de ellos'.

"Siempre he escuchado que los grandes jugadores con-

fían plenamente en que embocarán el putt, incluso aunque estén en la zona más distante del green. Y de hecho,
es más importante estar seguro de uno mismo que ser
capaz de examinar la caída del green o la distancia del
golpe con absoluta precisión. Si usted no tiene la confianza absoluta y no puede visualizar la bola cayendo dentro
del hoyo después de golpearla, entonces fallará más putts
de los que meta, aunque sean los más fáciles, es decir,
aquéllos que se encuentran a metro o metro y medio del
hoyo. Los grandes jugadores cultivan su confianza y hacen
emerger los estados más brillantes del golfista. Son capaces de visualizar la bola cayendo dentro del hoyo incluso
a diez metros de distancia. Se dejan llevar por una convicción inquebrantable -una convicción que algunas personas podrían considerar absurda y que, de hecho, es un
cierto tipo de magia- de que pueden embocar cualquier
putt, no importa lo lejos que se juegue, incluso aunque las
estadísticas digan que sólo tienen una probabilidad de uno
entre cien. Ellos confían en la vida y en el poder infinito
de su guía interior".

"Todo ello suena demasiado sencillo".

"Bueno, ¿quién dijo que el éxito es complicado?".

"Perdone. ¡Quizá debería mantener mi boca cerrada!".

"En absoluto. Usted piensa como la mayoría de la gente,
como ya he observado en varias ocasiones desde que le
conozco. En otras palabras, usted tiende a repetir cosas que
los demás le han dicho. Esas ideas no son suyas, son clichés
o tópicos que cree la mayoría de la gente. Desgraciadamente, la gran mayoría no triunfa en la vida. Debería ser
más cauteloso con lo que piensan las personas".

"Tiene usted razón. De ahora en adelante trataré de ser más original".

"La originalidad es uno de los grandes dones que alguien puede ofrecerse".

Después de una pausa, el millonario continuó: "Los grandes golfistas hacen de su visión del golpe perfecto un pensamiento dominante y dejan que su mente se empape de él, sin dejar ninguna otra alternativa a su jugador interior que la de tener éxito, la de protegerse de mensajes contradictorios y de todas las demás formas de estados oscuros, las cuales sólo pueden ser dañinas. Siempre me he servido de estas leyes espirituales en mis negocios. Antes de abordar algún proyecto importante, de esos que a menudo parecen poco viables o absolutamente dementes a los ojos de la gente más 'razonable', siempre trato de ver el éxito de éste. Claro que también realizo estudios de mercado, evalúo los costes, estimo los riesgos, etcétera. Pero yo diría que lo más importante es lograr visualizar el éxito del proyecto. Buen juicio, prudencia y, sobre todo, plena confianza en la infalibilidad de estas leyes espirituales, junto con claras imágenes del éxito -los acontecimientos positivos, los encuentros favorables, etcétera- me han permitido conseguir todo lo que tengo.

"Creo que tengo un largo camino por delante" -dijo Robert con humildad. "He fracasado tantas veces, durante tantos años, que supongo que no tengo mucha confianza en mí mismo".

Al anciano le conmovió la sinceridad de Robert. "Puede que tenga usted mucho trabajo por hacer, pero, como dice un refrán chino, 'incluso un viaje de miles de kilómetros comienza con un solo paso'. Bueno, ¿por qué no comenzar su viaje ahora mismo? En su próximo golpe, véase golpeando la bola exactamente como le gustaría hacerlo. Deje que esa imagen inunde su mente. Deje que se extienda por su cabeza como una intensa luz, una luz capaz de hacer desaparecer cualquier oscuridad. Y hoy por la noche, cuando vaya a la cama, háblele a su jugador interior. Pídale que le permita llegar a ser la persona que realmente quiere ser. Repítase esta fórmula en voz alta cien veces antes de quedarse dormido: 'Cada día, en todos los aspectos, soy mejor, y me convierto en un gran jugador'. ¿Puede repetir esto?".

Robert repitió las palabras con dificultad. "Cada día... en todos los aspectos, soy mejor y... y... me convierto en un gran jugador".

"Bien. Repítalo durante unos cuantos días. Si puede mantener su fe en el poder de esas leyes espirituales, se sorprenderá de los resultados. Porque, Robert, está usted en el umbral de una gran transformación, un cambio que asombrará a sus amistades, e incluso a sí mismo. El amargo pasado pronto será reemplazado por un dulce presente. Su brillantez será constante en su vida. Cada golpe que juegue le llevará mas cerca de la perfección, más cerca del estado mental que sólo alcanzan los grandes campeones. Sé que en su interior duerme un campeón. Todo lo que tiene que hacer es despertarle para poder vivir experiencias maravillosas. Usted ya ha experimentado alguna vez esa sensación. Ya sabe cómo se siente alguien después de lograr cuatro birdies seguidos. Uno casi se siente como si fuera alguien distinto, como si estuviera fuera de su propio cuerpo, observando. Pero ése es usted, un ser plenamente consciente. Es como volar por encima de las nubes en un pequeño aeroplano, ¡solo que usted ya tiene un billete permanente! Ya nunca tendrá que regresar a la tierra. Todo lo que tiene que hacer es dejar que sus estados más brillantes salgan a relucir. Éstos siempre están ahí, esperando a que se disipe la oscuridad. Ése es su estado natural. ¡Y no el vuelo a baja altura en el que se ha mantenido durante los últimos años!".

Robert se sintió profundamente afectado por las palabras del millonario. Nadie le había hablado nunca de ese modo, con tanto cuidado y convicción. Ni nadie le había contado cosas tan originales -o tan extrañas-.

"Cuando usted logre ese estado extraordinario" -continuó el millonario- "no sólo su juego se verá transformado, sino que usted nunca más volverá a ser la misma persona. Usted podrá ser por fin la persona que está destinada a ser. Su vida se verá envuelta en dicha y felicidad. Lo que he descrito es sólo una pequeña muestra de lo que está por venir -un poco del néctar de los dioses. Entonces entenderá que ese progreso en el campo de golf tan sólo es un peldaño, una forma de controlar la mente y, en última instancia, de trascender su limitado ser y descubrir quién es usted en realidad. Es algo similar a arrojar lejos de sí sus muletas, liberándose de antiguos hábitos y falsas imágenes, y, finalmente, enfrentándose a su propia naturaleza. Así comprenderá que no importa lo que digan los demás -sus compañeros, sus supuestos amigos, sus padres-. Usted tiene todo lo que se necesita para ser un campeón. Comenzando hoy, cada golpe, cada partido, cada torneo, representará un paso más hacia la realización de sus sueños. Usted brillará, irradiando luz a su alrededor como en un halo, mientras que su brillo en el campo de golf se vuelve más y más intenso. En cualquier lugar donde participe, sólo hallará los frutos de la victoria. Y un día, si usted persevera, alcanzará el estado más elevado y brillante que cualquier golfista puede desear alcanzar".

"¿Cuál es ese estado?" -preguntó Robert.

Capítulo 10

EN EL QUE EL GOLFISTA DESCUBRE EL VERDADERO AMOR POR EL GOLF

"Dicho llanamente, éste es un estado de amor -amor por el juego-. Cuando usted aprenda a amar todas y cada una de las situaciones en las que se encuentre -incluso aquellas extremadamente difíciles y que puedan haberle causado reacciones de enfado, odio o frustración en el pasado- cuando usted alcance el estado de desapego que caracteriza a todos los grandes jugadores, entonces sentirá una ola de amor inundándole en todo momento. Sentirá cada situación de la bola, cada hoyo que juegue, cada partido, cada torneo, como una aventura o como una oportunidad de perfeccionar su propia conciencia del juego".

"El golf es un deporte que nunca llega a ser dominado por completo, no importa lo cerca de la perfección que se esté. Quizás esa es la razón por la que tantas personas lo encuentran fascinante. Pero es un juego que usted puede aprender a amar hasta la perfección. Para ello debe dejar que los estados brillantes del jugador, que no son sino otra forma de amor, salgan a relucir, haciendo que éstos lleguen a todos los demás aspectos de su vida, y a todas las personas que entren en contacto con usted. Haciéndolo así, adquirirá la certeza más profunda de que cada situación, no importa lo difícil o desagradable que sea, es perfecta, y así transformará su visión del juego del golf y de su vida entera".

"No puedo dejar de pensar que todo eso suena demasiado fácil para ser verdad".

"Créame, el amor es el mayor desafío y el logro más grande. Más que la ambición, más que la determinación, más que la habilidad para visualizar, más que el coraje, más que la práctica..., es el amor por el juego lo que posibilita alcanzar la grandeza. Existen muchos estados brillantes del jugador, pero el amor es el más elevado y el que contiene todos los demás. El amor es la culminación de la luz. San Pablo no jugaba al golf, pero lo que dijo resume lo que significa ser un gran golfista, al menos en mi opinión. Sus palabras me han servido de guía a lo largo de mi carrera como empresario, y me han confortado en los momentos de desesperanza".

El millonario hizo una breve pausa. Su rostro se transfiguró mientras miraba con la vista fija en la distancia y citaba de memoria a San Pablo: "Sí, aunque yo hablara las lenguas de los hombres y de los ángeles, si no tengo amor, soy como címbalo que retiñe. Aunque tuviera el don de profecía y conociera todos los misterios y toda la ciencia; aunque tuviera tanta fe como para mover montañas, si no tengo amor, no soy nada. El amor es paciente y servicial, no es envidioso, no se jacta ni se engríe. No es egoísta, no se irrita, no toma en cuenta el mal; no se alegra de la injusticia, pero se alegra con la verdad. Todo lo excusa. Todo lo cree. Todo lo espera. Todo lo soporta. El amor no acaba nunca".

Guardó silencio. Robert, llevado por la emoción, se vio arrastrado a lo más profundo de su corazón, de un modo que no supo explicarse. Era un sentimiento que nunca antes había sentido y sus ojos se llenaron de lágrimas.

El millonario pareció regresar de algún lugar remoto. "Si no ama el juego, mejor sería que renunciara desde hoy a sus ambiciones. Y olvídese de llegar a ser un campeón".

"¡Pero yo amo el golf!" -exclamó Robert.

"¿De verdad? Si lo ama tanto, ¿por qué se enfadó en el último hoyo?".

Por primera vez Robert detectó un atisbo de impaciencia en la voz del millonario. Sabía que tenía razón. De hecho, estaba asombrado de lo mucho que el anciano le había enseñado con sólo haberle visto jugar durante unos minutos. Aunque pareciera increíble, ¡ni siquiera habían terminado el segundo hoyo! Antes de que pudiera encontrar una respuesta, el millonario le reprendió con tacto.

"¿Pero quién cree que es usted? ¿Trata de decirme que se supone que nunca falla un golpe? Incluso los mejores jugadores yerran de vez en cuando. Así que, ¿qué derecho tiene a enfadarse? ¿No ha pensado nunca que hay gente por ahí que daría todo lo que posee por tener un cuerpo y una mente como los suyos, por tener una salud suficiente como para jugar a este maravilloso juego y por caminar al aire libre en una estupenda mañana de verano, por estas espectaculares calles del recorrido, entre estos magníficos árboles? ¿Se siente tan hastiado y tan amargado como para quejarse y refunfuñar ante el más mínimo revés? ¿Está tan perdido y tan ciego que no puede ver la maravillosa oportunidad que representa estar vivo? Si realmente ama el golf, no malgaste su tiempo y energía en emociones fútiles. Cuando sienta la cólera creciendo dentro de usted, recuerde las palabras de San Pablo: 'Sin amor, no soy nada'. Sin amor, un golfista no es nada y no llegará nunca a ser grande. El amor proporciona la paciencia y la voluntad para triunfar. El amor no es arrogante ni violento, no es hostil ni rencoroso. El amor supera todos los obstáculos. Ése es el verdadero secreto de llegar a ser grande".

"¿Cree usted realmente que yo podría llegar a ser un día un gran golfista?".

"Bueno, ¿no cree que debería contestarse a esa pregunta usted mismo?".

Capítulo 11

EN EL QUE
EL GOLFISTA DECIDE
ARRIESGARLO TODO

Una vez finalizado el partido, el millonario invitó a Robert a reunirse con él para comer en la terraza, mientras continuaban su conversación.

"No llegó a contestarme cuando le dije que debería preguntarse a sí mismo si creía usted que podría llegar a ser un gran golfista o no".

Robert frunció el ceño. Había esperado que el millonario hubiera olvidado la cuestión. Pero parecía que el anciano nunca olvidaba nada y siempre hacía las preguntas más difíciles -probablemente porque era necesario dar una respuesta a éstas-.

"Bueno, ahora tengo un empleo fijo, dando lecciones de golf, como ya le dije. Así que no importa lo que yo crea, ¿no es cierto?".

"Obviamente, al menos si quiere seguir huyendo del asunto".

"¿De veras cree que estoy huyendo del asunto?".

"Si no tiene el coraje para abandonar su empleo, entonces probablemente es que no cree en sí mismo. Y si no deja ese trabajo, nunca será un campeón, ni descubrirá nunca si tiene lo que se requiere para ello. Todo es cuestión de fe, como ve. Por eso creo que es importante que usted se haga a sí mismo esa pregunta: ¿cree que tiene lo que hace falta?".

"Si no tuviera que ganarme la vida, creo que me daría otra oportunidad".

El millonario buscó en el bolsillo de su chaqueta, sacando un talonario de cheques y un bolígrafo, y dijo: "Esta mañana ha ganado diez mil dólares...".

"Once mil dólares" -corrigió Robert.

"Once mil dólares, por supuesto" -dijo el millonario. "¿Cuánto cree que necesitaría para pelotas de golf mientras se prepara de nuevo para clasificarse para el circuito de la P.G.A.?".

Al decir eso, abrió el talonario, escribió la fecha y el nombre completo de Robert y, a continuación, levantó la vista, esperando una respuesta.

"No sé..."

"Tiene usted miedo, ¿no es así? Espero que usted no sea como toda la gente que se pasa la vida diciendo: 'Si al menos...' Si al menos hubieran tenido una oportunidad, habrían montado su propio negocio, o si al menos hubieran conocido a la persona adecuada, se habrían casado y tenido hijos, y se habrían ganado la vida por sí mismos. Pero cuando la oportunidad surge, tienen demasiado miedo para tomarla, temen fracasar. Las personas así son unas embusteras, engañan a los demás y, lo que es peor, se engañan a sí mismas".

"No, no tiene nada que ver con el miedo".

"¿Con qué, entonces?".

"Bueno, el dinero...".

"Le estoy ofreciendo la posibilidad de resolver su problema" -dijo el millonario. "Estoy dispuesto a escribir en este cheque la cantidad que usted estime necesaria. Todo lo que quiero saber es cuánto. Francamente, creo que tiene un serio problema en lo que respecta al dinero. Quizás es por ello por lo que nunca gana con suficiente margen. Bien, estoy esperando...".

"Es sólo que... no puedo aceptar su dinero".

"De acuerdo, no se lo daré, se lo prestaré entonces, libre de intereses, por tres meses. ¿Se siente mejor así? Tres meses a partir de hoy. Cuando se haya clasificado para el torneo y tenga su primera oportunidad de ganar el Open de Estados Unidos puede empezar a devolverme el dinero".

"¿Y qué pasa si no me clasifico?".

"Escuche, si sigue buscando razones para fracasar y para no arriesgarse, entonces sólo puedo terminar pensando que me he equivocado con usted y que no debería prestarle el dinero".

"Está bien" -dijo Robert, casi con pánico al ver que su oportunidad de oro podía escaparse- "Lo haré. Présteme lo que quiera. Saldré adelante como sea".

"¡Bien! ¡Por fin unas palabras positivas!" -exclamó el millonario, sonriendo abiertamente. Miró a Robert, se concentró un momento y dijo a continuación: "¿Qué tal veinticinco mil? ¿Serán suficientes? Eso hace un total de treinta y seis mil dólares. No es una fortuna pero le permitirán pasar tres meses".

La oferta superaba con creces las mejores expectativas de Robert. Trató de no parecer nervioso al contestar: "Oh, sí, creo que puedo pasar con eso".

"¿Necesita más?".

"No, no, veinticinco mil es perfecto. Perfecto".

"De acuerdo" -dijo el millonario, anotando la cantidad, firmando con una rúbrica y tendiéndole el cheque. "Un trato es un trato".

Mientras Robert contemplaba el cheque con una mezcla de incredulidad y euforia, el millonario alcanzó una campanilla y la hizo sonar.

"¿Quiere que... firme algún papel?" -preguntó Robert.

"¿Para qué?".

"No sé, por si quiere tener un pagaré o algo así".

"Veo que no tiene usted mucha fe en los tratos. Me ha dado su palabra, ¿no?".

"Sí, claro".

"Eso me basta. No necesito un trozo de papel para poder confiar en alguien. Si a mi edad no puedo juzgar si una persona es honesta o no, entonces merezco que me engañen. En realidad, a nadie le engañan en ninguna cosa. Si se actúa de corazón, incluso la gente menos honesta no tiene más alternativa que ser honrada con uno, tanto en los asuntos de dinero como en los del corazón. El destino decide si alguien le va a robar a uno o no. Todo está escrito en el gran libro".

"No sé cómo agradecerle esto. Espero que nunca se arrepienta de haber confiado en mí".

"¡Basta de tanto pesimismo!" -dijo el millonario con una sonrisa.

"Disculpe".

"Desde luego que tiene usted un problema con su auto-estima, ¿no es cierto?".

"Bueno, quizás...".

"No tenemos mucho tiempo para ocuparnos de ello, pero creo que deberíamos tomar un atajo", dijo el millonario con una sonrisa enigmática. Llamó al mayordomo, quien apareció pocos segundos después.

"Henry" -dijo el millonario- "dado que nuestro amigo se encuentra sin coche en este momento, ¿querría pedirle a Edgar que sea tan amable de acompañarle al garaje y dejarle escoger uno de los coches para que lo pueda usar durante las próximas semanas?".

"Desde luego, señor".

"Oh, realmente" -protestó Robert- "no hace falta".

"Me daría una satisfacción si lo aceptara. De algún modo me siento en parte responsable del accidente. Y créame si le digo que no me supone ningún trastorno".

Pocos minutos después, cuando Edgar abrió la puerta del inmenso garaje, Robert entendió lo que el anciano había querido decir. Allí dentro había casi una docena de coches, y ninguno de ellos era un coche ordinario. Un par de Jaguars, un par de Rolls Royce, tres o cuatro Mercedes, un Porsche Carrera, una limousine blanca, dos BMWy, finalmente, un Ferrari rojo que impresionó especialmente a Robert.

"¿Cuál desea?" -preguntó Edgar despreocupadamente, como si cada día prestara aquellos coches fabulosos. Robert estaba atónito. ¿El coche que quisiera? Pensó que tenía que pellizcarse para ver si estaba soñando. "No le recomendaría la limousine, sin embargo" -continuó Edgar- "es una lata conducirla".

Robert dio un paso adelante, excitado como un niño en una tienda de caramelos. Nunca antes había visto coches como aquellos tan de cerca. No pudo evitar pensar que el anciano realmente debía estar forrado para poseer todo aquello. Se detuvo delante del Ferrari, el coche de sus sueños, y permaneció allí estupefacto, sin atreverse a decir a Edgar que ése era el coche elegido.

"Entonces, ¿éste es el que le gusta?" -preguntó Edgar, como si estuviera hablando de un sombrero.

"Sí... sí, ya lo creo" -balbuceó Robert.

Edgar se dirigió a un pequeño armario empotrado en la pared y abrió su puerta. Dentro colgaban varias hileras de llaves. Seleccionó una y se la dio a Robert.

"Es extraño que haya escogido éste" -comentó. "Es como si hubiera estado esperando que viniera alguien como usted. Nadie lo ha conducido desde que el anciano lo compró".

Mientras conducía el coche fuera del garaje, y sintiendo la indómita fuerza del coche a través del cuero del asiento, Robert iba asombrado del giro del destino que le había llevado hasta allí. Hacía sólo una noche que, abatido y deprimido, casi se había matado en un accidente de tráfico. Y aquí estaba con treinta y cinco mil dólares en su bolsillo ¡y conduciendo un Ferrari nuevo!

Aunque nunca le había dado demasiada importancia a las posesiones materiales, no podía evitar sentirse eufórico, orgulloso de estar conduciendo lo que mucha gente consideraría el coche con más clase del mundo. ¡Sus horizontes se habían ampliado considerablemente en las últimas veinticuatro horas!

El coche iba a la perfección, incluso mejor de lo que se había imaginado. Sólo había una cosa que echaba de menos: su adorada grabación de los Rolling Stones -algo que solucionó rápidamente deteniéndose en la primera tienda de discos que vio y comprando una copia de los grandes éxitos de los Stones. No era tan buena como la grabación propia que había estado sonando el día del accidente, pero servía. La cinta comenzó con una de sus favoritas: *"Time Is on My Side"*.

Y por primera vez en su vida, Robert sintió que en efecto, el tiempo estaba de su parte, como si una página hubiera terminado y comenzara un nuevo capítulo de su vida, un capítulo lleno de luz y felicidad.

Todavía quedaba una cosa por solucionar. Tenía que decirle a Larry, el secretario del club de campo donde trabajaba, que quería tomarse un descanso de tres meses. Como esperaba, Larry, un hombre escuálido con una expresión permanente de desdén, no se alegró mucho de la petición.

"¿Que quiere qué? Sea serio, Rob. En su contrato no pone nada de ausentarse. Puede jugar hasta siete torneos al año. Está pidiendo tres meses, ¡por el amor de Dios!".

"Exacto".

"¿Por qué? ¿Pretende participar en el Abierto de los Estados Unidos?".

"La verdad es que así es".

"¿Se ha vuelto loco? No sabe si podrá clasificarse. Y aunque lo hiciera, las probabilidades de que gane son nulas".

"Quizás, pero quiero darme otra oportunidad".

"¿Seguro que se siente bien? Quiero decir, usted tuvo ayer un accidente de coche bastante serio, ¿no es así? Quizás se dio un golpe en la cabeza. O incluso quizás ha perdido el sentido de la realidad. ¡O a lo mejor le han dado demasiada medicación!".

"El médico dijo que estoy bien. Mi decisión está tomada. Cuando regrese, estaré en mejor forma que nunca, y si logro situarme entre los diez primeros, la reputación del club se disparará".

"Bueno, no puedo garantizarle que su trabajo le esté esperando para cuando vuelva".

"Tengo que correr el riesgo".

"¡No diga después que no le advertí!".

Robert se detuvo en el puesto de profesionales para despedirse de dos compañeros y, a continuación, se dirigió al vestuario para recoger su equipo. Al pasar por aquellos rincones tan familiares, de pronto se sintió nervioso, consciente de que estaba a punto de dejar su trabajo y su seguridad. Pero no podía volverse atrás. Había hecho un trato y había dado su palabra. De ninguna manera iba a fallar al millonario.

Cuando iba a salir de la casa club, se encontró con su padre, quien se dirigía hacia la sala donde trabajaba en el mismo club. Aunque ya tenía más de sesenta años, el padre de Robert todavía conservaba una buena figura. Su pelo cano era espeso y apenas se veían arrugas en su cara. Era evidente de quien había heredado Robert su constitución atlética y su buen aspecto.

"Larry me dijo lo que quieres hacer" -dijo bruscamente su padre antes de que Robert pudiera decir nada. "¡Te has vuelto loco? ¿Quieres intentar clasificarte para el Open de los Estados Unidos?".

"Sí, papá, así es".

"¡Vas a perder el mejor trabajo que nunca hayas tenido!".

Un grupo de socios del club cruzó el vestíbulo, y el padre de Robert tuvo que interrumpir su reprimenda, ofreciendo una sonrisa forzada y afectada. Tan pronto como estuvieron suficientemente lejos como para no oírles, se dirigió de nuevo a su atolondrado hijo.

"¡El Open de los Estados Unidos! ¡Si nunca has ganado un solo torneo de profesionales en tu vida, ni el más bajo! ¡No me tomes el pelo! ¿De pronto quieres tirar todo por la ventana por una fantasía estúpida y pueril?".

"Escucha, papá, siento no estar de acuerdo contigo. Espero que mi marcha no te complique las cosas por aquí. Pero mi decisión está tomada".

Le tendió la mano, pero su padre no quiso estrecharla. Robert fue hacia la puerta. Su padre gritó tras él en voz tan alta como se atrevió: "¡Terminarás en la calle! Te lo estoy diciendo, Robert: ¡estás cometiendo un gran error! No tienes lo que hace falta. Nunca lo has tenido y nunca lo tendrás!".

Robert, sabiendo que era inútil razonar, siguió andando, impasible por fuera, aunque en su interior se agitaba de angustia. Su padre nunca había creído en él y le había dicho de mil maneras que estaba destinado al fracaso. ¿Era así como debía comportarse un padre con su único hijo? ¿No podía al menos mostrar un poco más de compasión o de comprensión?

Robert supo que tendría que capearlo hasta el final. Se iba a jugar todo a una carta.

Se dirigió al Ferrari, que había dejado en el espacio para los visitantes, y vio a Sylvester, el vigilante del parking, quien le saludó con su eterna sonrisa de entusiasmo.

"¡Qué! ¿Ruedas nuevas?" -preguntó Sylvester, pasando un dedo por el brillante capó.

"Algo así".

"Le sienta bien, tengo que admitirlo".

Un miembro del club que iba hacia su coche, y propietario del Porsche rojo que hizo que Robert se sintiera tan humillado el día anterior, echó un vistazo al Ferrari y abrió la boca de asombro, dejando caer su cigarro de la boca. Robert le saludó con la mano y se colocó al volante. El hombre se paró a recoger el cigarro, preguntándose como un miserable profesional se las había arreglado para hacerse con un coche como aquél. Por desgracia, el cigarro cayó en un charco que la tormenta de la noche anterior había dejado y se mojó. Robert sacó el coche, salpicando la cara del hombre sin darse cuenta. Éste se incorporó, gritando todo tipo de insultos. Sylvester, de espaldas a él, rió con ganas, pues el tipo no le caía simpático, sobre todo por todas las veces que éste se había "olvidado" convenientemente de dejarle una propina.

Cuando el Ferrari avanzaba por la carretera llena de curvas del club de campo, a través de un pinar que rodeaba las calles ondulantes, Robert se preguntó si estaría haciendo lo adecuado o si no sería todo una terrible equivocación. En el cruce que llevaba a la carretera principal, se detuvo y echó una última mirada a la majestuosa casa club de piedra grisácea, con su tejado inclinado, que destacaba sobre las copas de los árboles.

Echando a un lado sus dudas, agarró el volante y pisó el acelerador con demasiada fuerza. El Ferrari salió disparado hacia delante, dejando un rastro de neumático quemado sobre el asfalto. El coche tenía una fuerza increíble, así como una gran línea. Rozando el límite de velocidad, y dejando atrás la señal que indicaba el final del club, Robert sintió como la confianza crecía dentro de él. Había tomado una decisión, y ahora tendría que mantenerse en ella. El club, su trabajo... todo quedaba atrás. Tenía tres meses para lograr sacar algo de todo aquello, tres largos meses durante los cuales nada malo podía pasar. Y si todo seguía yendo como desde el día anterior, ¡todo podía suceder! No era el momento de darle vueltas al pasado -¡tenía todo el futuro por delante!- Había llegado el momento de quemar las naves, seguir adelante y esperar todo el éxito posible.

Había hecho todo lo que debía -recoger los palos, decirle a Larry que se tomaba un tiempo de baja y despedirse de los amigos del trabajo. Además, había tenido otra edificante conversación con su padre y le había informado de sus intenciones. Todo parecía resuelto, excepto una última cosa, la más difícil de su lista. Clara. Tenía que verla. Había estado pensado en ella constantemente. Le debía una explicación.

Vaciló durante un largo tiempo, tras el cual se detuvo delante de una cabina telefónica y efectuó la llamada. La voz de ella sonaba distante, dijo que no estaba aún preparada para verle, que tenía prisa... iba a salir. Pero cuando se despidieron, creyó notar que la voz de ella estaba tremblorosa, como si reprimiera un llanto. Todo pendía de un hilo y sólo le quedaba desear que no estuviera todo perdido.

Ella necesitaba tiempo, eso era todo por ahora. ¿Acaso no era eso lo mismo que él le había pedido a ella durante meses, incluso años? Como mínimo, ella tenía derecho a lo mismo.

Capítulo 12

EN EL QUE EL GOLFISTA CONOCE A ALGUIEN QUE CREE EN ÉL

Mientras Robert comenzaba a practicar con disciplina a la mañana siguiente bien temprano, el millonario se dirigió a la ciudad para atender un importante deber. Una de las fundaciones caritativas que financiaba tenía como objetivo hacer realidad el último deseo de niños con enfermedades terminales, peticiones que él mismo atendía de buena gana. Con Edgar, el chófer, pisándole los talones, el millonario entró enérgicamente en el hospital con una sonrisa jovial, saludando a todos con gran afecto.

Entre tanto, en una pequeña sala de espera del piso superior, un médico se encontraba reunido con los padres de un niño enfermo.

"No le queda mucho tiempo" -dijo el doctor con gravedad.

El padre, de unos cuarenta años de edad, vestía traje con chaleco y llevaba unas gafas de montura gruesa, que enfatizaban su carácter ligeramente autoritario. La madre, también próxima a los cuarenta aunque algo más joven, resultaba fría y formal. Llevaba un vestido ceñido y el pelo peinado hacia atrás de una forma austera. Estaba claramente incómoda, impaciente por terminar con aquella entrevista.

"¿Cuánto tiempo le calcula?" -preguntó el hombre.

"Nunca se puede estar completamente seguro" -replicó el médico- "pero yo le daría a su hijo dos, tres... seis meses a lo sumo. Por el momento su situación es estable, y parece bastante fuerte. Pero ello concuerda con una fase común del tipo de cáncer que padece. Cuando comience a deteriorarse de nuevo, todo puede suceder muy rápidamente. Sé que esto es muy penoso para ustedes, pero siempre he sido de la opinión de que es mejor ser sincero en lugar de esconder los hechos, especialmente a los padres. No le diré nada a Paul. Siendo sus padres, creo que es algo que les compete a ustedes, como ya les comenté anteriormente".

"Bueno, ello no cambia nada en lo que a nosotros se refiere" -dijo la mujer, con una voz dura, carente de la más mínima emoción. "Mi marido y yo nos acabamos de separar, pero habíamos adoptado a Paul hace ahora dos años... Bueno, no pretendemos abandonarle, pero ni mi marido ni yo podremos cuidarle adecuadamente los pocos meses que restan. El trabajo de ambos requiere que continuamente estemos de viaje. El bienestar de Paul está por encima de todo, y es obvio que estará mejor aquí, con todas las facilidades y atenciones, que con cualquiera de nosotros. Además, ya estamos viviendo en dos ciudades diferentes, habría que contratar enfermeras a jornada completa... Ya me entiende usted, doctor".

El médico no dijo nada, deseando que su rostro no delatara sus verdaderos pensamientos. El marido no parecía tan seguro de que la solución fuera la correcta. Asintió con la cabeza y apretó sus mandíbulas, tratando de disimular que se sintiera obligado a acatar una decisión desagradable.

El médico les hizo pasar a la habitación donde el pequeño Paul les esperaba. Era un niño guapo y jovial de unos diez años, de pelo rubio rizado y ojos oscuros a los que los estragos de la enfermedad habían hecho más expresivos.

"Tu padre y yo vamos a tomarnos unas vacaciones, Paul" -dijo la mujer.

"¿Cuándo volveréis a verme?".

"No lo sabemos exactamente, pero no debes preocuparte. Si te portas bien, te traeremos un buen regalo. ¿Qué te parece?".

"¿De verdad, mamá?".

"¡De verdad! Pero me tienes que prometer que serás un buen chico".

"¡Lo prometo!".

La madre dio un abrazo al niño de forma bastante teatral.

"Te quiero mucho, mamá" -suspiró el niño. La mujer se apartó y le correspondió el turno al padre. "A ti también, papá" -dijo Paul. "Gracias por ser mis padres".

"Te queremos, Paul". El padre dominó el tono de su voz con ciertas dificultades. "Te queremos...".

Con lágrimas en sus ojos, el niño les miró mientras se marchaban, ignorando que no tenían intención de regresar y que era la última vez que les vería en toda su corta vida.

En el vestíbulo del piso de abajo, la sombría pareja pasó junto al millonario, quien se encontraba charlando con una niña pequeña sentada en una silla de ruedas. El médico, que conocía las buenas obras del anciano, se detuvo a hablar con él mientras los padres de Paul se dirigían hacia la salida. El doctor contó al millonario la historia del pequeño, y éste miró con severidad a la pareja que huía en retirada como si fueran dos vulgares ladrones.

Pocos minutos después, el millonario y Edgar entraban en la habitación de Paul. El niño se puso a reír histéricamente cuando Edgar se puso a corretear haciendo el tonto e imitando a un chimpancé. Por fin, el millonario hizo una pregunta al niño: "Dime Paul, ¿qué es lo que más te gustaría hacer? ¿Qué deseas más que nada en el mundo?".

"¿Puede ser cualquier cosa que se me ocurra?" -dijo el chico, algo excitado.

"¡Cualquier cosa! Aunque no te puedo prometer que pueda conseguirlo, pero por pedir, que no quede".

"Bueno" -dijo el niño, con los ojos brillantes- "lo que más me gustaría es jugar con el mejor jugador de golf de todo el mundo".

"Así que eso es lo que quieres, ¿eh? ¿Y sabes jugar al golf, Paul?".

"¡Claro! Tengo un handicap doce, aunque sólo llevo jugando dos años".

"¡Handicap doce! ¡Eso es excelente! Es mejor que el mío, y yo llevo practicando toda la vida... Si jugaras con el mono que tenemos por aquí, le tendrías que dar por lo menos veinte golpes de ventaja".

Edgar, que no se dio por aludido en absoluto, puso una cara que de nuevo hizo que el niño se destermillara de risa. El millonario, mientras tanto, se quedó pensando en cómo matar dos pájaros de un tiro. En ese mismo instante, se maravilló de la misteriosa y, a menudo, oculta perfección de la vida.

"Bueno Paul, ¿qué te parecería mañana mismo? ¿Te sientes con fuerzas para jugar un partido con él mañana?

"¿Quiere usted decir con éste?".

"No, con éste no" -dijo el millonario. "¡Con el mejor jugador de golf del mundo! De hecho, aunque nunca habrás oído hablar de él, créeme, es el mejor, y pronto se hablará de él en todas partes".

"¡Genial!" -dijo el niño.

* * *

El millonario hizo las gestiones necesarias para que Paul pasara la noche en su residencia. A la mañana siguiente, en la rosaleda donde ya Paul había cogido un ramo enorme de flores, el millonario le presentó a Robert.

"He cogido éste ramo para mamá" -les explicó Paul inocentemente. "Va a venir a verme dentro de poco".

El millonario sintió una fuerte simpatía por el niño. "Es un detalle muy bonito, Paul". Robert, que ya había sido puesto al corriente del drama -su cáncer, la cruel partida de sus padres adoptivos y la pequeña mentira piadosa respecto a su propia talla como el golfista más grande del mundo- pasó un mal rato tratando de contenerse las lágrimas. Ver lo confiado que era el niño, creyendo todavía en el amor de sus padres, y cuyo primer deseo fue recoger flores para su madre, era suficiente para romperle el corazón a cualquier persona.

"Bueno, Paul" -dijo el millonario- "aquí le tienes, el mayor jugador de golf del mundo, como te prometí".

El niño dio un paso hacia adelante, vacilando con su ramo de flores. Henry, el mayordomo, se hizo cargo de éstas. Con una gran sonrisa de satisfacción, el niño estrechó por fin la mano de Robert.

"Caray, es... increíble. ¿Podemos... quiero decir que...?". Se volvió hacia el millonario.

"Lo que quieres es ir al campo de golf y jugar un partido en condiciones, ¿no es eso, hijo?".

"Sí, si se puede...".

"¡Pues claro! Para eso estamos aquí, ¿verdad, Robert?".

"Por mi parte, estoy listo".

Quince minutos después, los tres se dirigían a la salida del primer hoyo. Paul había sido equipado con un guante, zapatos y un juego de palos cortos. Robert salió el primero. Como no quería decepcionar al joven Paul -después de todo, le habían presentado como el mejor jugador del mundo- lanzó un espectacular drive, a más de doscientos cincuenta metros al medio de la calle.

"¡Fantástico!" -gritó el niño. "Nunca había visto un golpe así, ni siquiera en la tele!".

El millonario ejecutó su drive habitual, que fue a parar a unos doscientos metros, algo a la izquierda del centro de la calle. Paul estaba ya a punto de golpear la bola cuando el zorro que el millonario tenía de mascota salió correteando desde detrás de un seto y se echó al suelo justo delante del niño.

"¡Freddy!" -le llamó el millonario- "¿qué estás haciendo? ¡Deja a Paul para que pueda jugar su golpe!".

Pero Paul pareció olvidarse del golf por un rato. Dejó caer su palo, se agachó y empezó a rascar el hocico de Freddy. El pequeño zorro parecía disfrutar inmensamente con la atención recibida.

"¡Es precioso!" -exclamó Paul.

"Se llama Freddy y vive aquí, en el campo de golf. Tengo la impresión de que os vais a hacer buenos amigos".

"Seguro que sí" -dijo Paul, hablando más con el zorro que con los dos hombres.

Mirándole, Robert tuvo un sentimiento de pesar -había sido un idiota con Clara al evitar todo compromiso y tener miedo de crear una familia. Podrían haber tenido un niño como Paul. En lugar de ello, ahora estaba solo y lejos de la única persona que había creído en él todos estos años. Al menos, ahora tenía al millonario que también creía en él. Y Paul, claro está, aunque su confianza se basara en una mentira. Pero esta ocultación de la verdad había dado al niño unos momentos de felicidad, y había convertido su sueño en realidad antes de morir.

"Venga, Freddy" -dijo el millonario- "estamos jugando un partido. Deja que Paul dé su golpe de salida, ¿quieres?".

El zorro pareció comprender y salió trotando hasta el borde de la calle, donde se agazapó y permaneció mirando de espectador. Éste siguió al grupo durante todo el partido. El millonario comentó que era la primera vez que hacía algo así.

La mañana se desarrolló conforme a los planes del millonario. La presión a la que esperaba que Robert se vería sometido fue de otra naturaleza -supuso que Robert no querría decepcionar al niño enfermo, por lo que éste trataría de jugar al máximo de su capacidad. La estratagema resultó a la perfección -Robert salió absolutamente victorioso de la prueba, haciendo un total de 31 golpes en nueve hoyos, cinco bajo par-.

Tras el partido, el millonario dejó a Robert y Paul solos, tomando una limonada con hielo. Freddy, el zorro, se acercó y se tumbó junto a ellos -no parecía querer separarse de Paul-.

"Nunca podré jugar como tú" -dijo Paul suspirando.

"Ya lo creo que podrás. Tienes una gran habilidad. ¿Cuántos golpes has hecho, 44?".

"Sí. Mi meta eran 39 golpes. Nunca he bajado de 40".

"¿Sabes? Cuando yo tenía tu edad, no jugaba tan bien como tú. Con veinte años podrías llegar a ser un campeón".

"No creo que pueda. No viviré tanto tiempo".

Eso era lo último que Robert esperaba oír. Le habían dicho que el chico no sabía nada.

"¿Por qué dices eso?".

"Oí por casualidad a las enfermeras hablando sobre mí; creían que estaba dormido, pero no lo estaba. Sé que mamá me quiere tanto que no me lo ha querido decir. Dicen que viviré seis meses como máximo".

"¡Puff!" -suspiró Robert, sin saber cómo reaccionar por el momento. Buscó desesperadamente las palabras adecuadas. "Escucha, puede que te pongas bien. Si crees en ti mismo, puedes curarte. Las cosas siempre se arreglan de alguna forma".

"Mi enfermedad es incurable".

"Los médicos se equivocan. Son humanos, como todo el mundo. A un amigo mío le dijeron una vez que tenía cáncer. Dejó de fumar y casi se vuelve loco. Un mes más tarde se descubrió que todo había sido un error. Habían confundido los informes médicos. Pero algo bueno salió de todo, y es que no ha vuelto a fumar desde entonces".

"Pero ahora no es un error. Yo sé que estoy enfermo. ¡Siento que algo pasa dentro de mí!".

Paul se puso más pálido mientras hablaba -jugar los nueve hoyos le había exigido mucho esfuerzo. El día, que había empezado tan bien, parecía que iba a acabar de forma triste. Mientras se dirigían juntos hacia la casa, Robert se prometió que haría todo lo que estuviera en su mano para que el sueño del niño se hiciera realidad. Se clasificaría para la P.G.A. aunque tuviera que sudar sangre. Y si Dios le ayudaba, ganaría el torneo del Abierto de los Estados Unidos.

Capítulo 13

EN EL QUE EL GOLFISTA SE ENFRENTA A SU PRIMERA PRUEBA

A la mañana siguiente, bien temprano, en lugar de dirigir-se al campo de prácticas para hacer sus ejercicios habitua-les de calentamiento, Robert subió al Ferrari -le fue tan fácil acostumbrarse a pensar en el coche como si fuera el "suyo", como duro le iba a resultar separarse de él cuando llegara el momento- y condujo hasta el hospital de Paul.

Le dijo a la enfermera de guardia que estaba allí por encargo del millonario. El hecho de mencionar al anciano fue como pronunciar las palabras mágicas -las puertas se abrieron y los rostros se volvieron más amables-. Robert solicitó ver el informe médico del niño.

Después de leerlo por completo dos veces seguidas tuvo que aceptar los hechos: la enfermedad era terminal y no se podía hacer nada. Las expectativas de vida eran de unos pocos meses como máximo. Estaba a punto de devolver el informe, cuando tuvo una idea que pareció surgir de la nada. Quizás se debió al montón de formularios de informes que vio en el escritorio de la enfermera. O quizás fue su propia voz interior la que le dijo lo que había que hacer, algo que le había estado sucediendo cada vez con mayor frecuencia desde que el millonario le había enseñado cómo observar sus propios pensamientos.

De hecho, había seguido repitiendo cada día la fórmula mental que el millonario le había aconsejado: 'Cada día, en todos los aspectos, soy mejor...'.

Su sexto sentido estaba mejorando. Tenía una intuición sobre cómo jugar cada bola que nunca antes había poseído. Percibía todos los pequeños detalles sobre su juego que en el pasado le habían costado golpes -y a veces hasta un torneo-. Mientras su confianza crecía, iba sintiendo cómo en su interior se producía una extraña transformación.

En cualquier caso, ¡ahí estaba! -una vía para ayudar a Paul, tal y como el millonario les había ayudado a ambos al decirle al niño que él era el mejor jugador del mundo, lo que había dado como resultado que el sueño de Paul se hiciera realidad y que Robert jugara mejor de lo que nunca lo hubiera hecho. El campo privado del millonario no era el más duro al que tendría que enfrentarse. Pero aún así, había logrado cinco birdies, todos gracias a una pequeña mentira. No era bueno mentir, pensó Robert, pero en el momento y lugar adecuados, una mentira podía obrar milagros. Y pensándolo bien, ni siquiera era una mentira. ¡Era una afirmación de fe, la fe de un niño inocente! Robert no permitiría que éste se viniera abajo.

La fe y las palabras... el millonario había hablado detalladamente sobre el poder de las palabras. Palabras que podían devolver la vida literalmente a alguien -o hacerle morir. Palabras que ayer mismo habían hecho que Robert se superara en el campo de golf, y palabras que en el pasado le habían hecho fracasar miserablemente.

Así que, ¿por qué no utilizar palabras para ayudar a Paul? ¿Por qué no?, quizás podría curarse. Merecía la pena intentarlo.

"¿Cree que podría hacerme una fotocopia de este informe?" -preguntó Robert a la enfermera.

"Por supuesto, señor. No hay ningún problema".

Mientras la enfermera hacía la copia, Robert tomó un par de informes en blanco de encima del montón del escritorio, los dobló rápidamente y los guardó en el bolsillo de su chaleco.

Una hora después tenía escrito un informe nuevo y estuvo imitando cuidadosamente la firma del facultativo hasta que fue perfecta. El nuevo informe era mucho más favorable que el anterior. Decía que bajo ningún concepto se debían suspender los tratamientos, pues Paul estaba experimentando una recuperación muy esperanzadora, y que la enfermedad no era incurable como previamente se había creído.

Cuando Paul lo leyó, se quedó sin habla.

"Te lo dije" -comentó Robert. "Hablé con tu médico. Comprobó sus tests y encontró un error en el diagnóstico. Habían tenido una especie de confusión".

Paul seguía sin poder hablar, pero la sonrisa que iluminó su cara hablaba por sí misma -Robert pudo ver cómo un destello de renovada esperanza inundaba de vida el corazón del niño.

"¡Mis padres se van a llevar una sorpresa aún mayor que la mía!" -exclamó Paul. "No se lo van a creer. ¡No sé si voy a poder esperar hasta que vuelvan de sus vacaciones!".

Robert sonrió con tristeza. Puede que su plan hubiera hecho renacer la ilusión de Paul, pero éste no haría volver a sus padres.

En los días siguientes, Paul dio muestras de mejorar. Su cutis perdió la palidez, sus mejillas tomaron un color rosado, sus movimientos se volvieron más vivos y su apetito volvió con más ganas. Era un hermoso espectáculo para todos los que le conocían.

Su médico estaba asombrado e incluso le dio permiso para acompañar a Robert a un par de torneos de clasificación de la P.G.A. La fe del niño en su nuevo amigo obraba milagros. Robert jugó como si fuera el mejor jugador del mundo, y no tuvo apuros para clasificarse para el circuito, un sueño al que hacía ya tiempo que había renunciado.

La facilidad con la que logró su clasificación le sorprendió a él más que a nadie. Desde luego que le exigió concentración y esfuerzo. Pero a menudo, cuando estaba a punto de cometer un error mental que le habría costado un par de golpes -como tantas otras veces en el pasado-, lograba recordar la técnica del "stop" que el millonario le había enseñado. Tomándose un par de segundos para reflexionar, había podido identificar el estado oscuro que amenazaba con arruinar su juego, y había logrado reemplazarlo en su lugar por un estado brillante.

La técnica no era infalible, pero le permitió pasar el corte y clasificarse para el prestigioso Abierto de los Estados Unidos.

Paul no le felicitó, no porque no se alegrara por Robert, sino porque era algo que simplemente había esperado del mejor jugador del mundo.

"Estoy seguro de que vas a ganar el campeonato" -le confesó.

"¿De verdad? ¿Te importaría decirme por qué estás tan seguro de ello?"

"Es lógico. Los Estados Unidos son el mayor país del mundo, ¿no?".

"Bueno, muchos americanos lo creen así".

"Vale. Pero el mundo es más grande que los Estados Unidos, ¿no?".

"Cierto".

"Bueno, pues si tú eres el mejor jugador del mundo y el mundo es mayor que los Estados Unidos, entonces te será fácil convertirte en el campeón de los Estados Unidos".

Robert no pudo discutir la aplastante lógica del niño, así que prefirió asentir y permanecer callado. Pero había algo que preocupaba a Paul profundamente -sus padres tardaban demasiado en volver de sus vacaciones, y desde hacía semanas no habían llamado ni escrito, ni siquiera una postal, para explicar por qué tardaban tanto. Quizás hubieran sufrido algo terrible (un accidente, un robo o una enfermedad tropical.)

Robert se preguntó si no sería mejor contarle la verdad en lugar de dejar que se preocupara. Pero por otra parte, la noticia podía tener un impacto negativo en su frágil estado de salud.

Finalmente decidió esperar. Ya estaba programado el comienzo de las rondas preliminares del Open de los

Estados Unidos, y el chico pronto se vio absorbido por los febriles preparativos, olvidando, al menos por el momento, la ausencia de sus padres.

Robert se vio completamente inmerso en la tarea que tenía entre manos. Estaba a punto de vivir los cuatro días más importantes de su vida. Cuatro días que decidirían su futuro, y que quizás, le permitirían entrar en un selecto club -el club de los campeones-.

La lista de los competidores era abrumadora. Robert no sólo se iba a enfrentar a los mejores golfistas del país, sino también a los mejores de todo el mundo. Entre ellos había ganadores del Open de los Estados Unidos, del Open Británico y del Masters; leyendas vivas del golf, que podían distanciarse en cualquier momento y llevarse el título consigo.

Pero el jueves por la mañana, pocas horas antes de la cita de salida del primer hoyo, Robert arrojó fuera de sí todos esos pensamientos. Si quería ganar, tenía que hacerse a la idea de derrotar a sus ídolos. No tenía sentido jugar si comenzaba pensando que el trofeo era inalcanzable. Incluso los mejores jugadores del mundo sólo eran seres humanos como él, deseando ganar y codiciando el premio que tanto esfuerzo les iba a costar a todos.

Tenía que defenderse de los estados oscuros del juego, o de otro modo éstos le paralizarían y derrotarían. Una oportunidad como ésta no se le volvería a presentar nunca más.

Tomó un desayuno abundante, tratando de permanecer tranquilo. El millonario le había explicado por qué era tan importante comer despacio: masticar varias veces cada bocado le permitía aprovechar en mayor grado la energía oculta en el alimento, hacer mejor la digestión y comer menos cantidad -tres ventajas fundamentales para combatir el estrés-.

Cuando se terminó los últimos copos de sus cereales, repasó la filosofía de vida del millonario: vivir cada día como si fuera el primero en la vida. Olvidarse del pasado. Vivir en el presente. Al mismo tiempo, el sabio anciano vivía cada día como si fuera el último de su vida. Ponía todo su corazón y toda su alma en todo lo que hacía, en cada gesto y en cada palabra.

Robert se concentró para olvidarse de todo lo que estaba en juego y, en su lugar, tomar plena conciencia del presente. Tenía que enfrentarse a un solo día cada vez. A un partido cada vez. A un solo golpe cada vez. Como si cada golpe fuera el primero, sin la carga que suponían los fracasos del pasado en su mente.

Tenía que jugar cada golpe con tanta concentración y tanto amor como le fuera posible. El torneo sería su testamento, sus últimas palabras. Llegó el momento de salir al campo y demostrar su valía, y estaba listo para ello.

Miró hacia adelante para ver a Paul entre los espectadores. El médico del chico le había dado permiso para asistir, comentando que parecía estar suficientemente fuerte. El caddie de Robert, aunque no era el más experimentado del circuito, seguramente era el más colorido, con sus pantalones a lo Payne Stewart y cárdigan a juego. Así mismo era el más viejo -no podía ser otro que el millonario, por supuesto-.

El jueves y el viernes transcurrieron como un sueño. Robert no sólo pasó el corte, sino que encabezaba el grupo después de dos partidos con 68 y 69 golpes, jugando un golf excelente en las estrechas calles que hacían el Open tan traicionero.

¡Simplemente, no podía creerlo!

"¿Lo ve?" -le dijo el millonario. "Ya le dije que ganar no tenía por qué ser tan difícil".

Era como un sueño. El sueño de Robert. El sueño de un niño.

Robert notaba cómo el cambio obrado en él era mental casi en su totalidad. Experimentaba el juego a un nivel distinto. Claro que todo estaba teniendo lugar ahí fuera, en el campo de golf: los competidores, los diferentes hoyos, la multitud, el marcador... Pero en esencia, su juego tenía lugar en su mente. Cada golpe era el resultado de un monólogo interior, o más exactamente, de un diálogo entre su jugador interior y él.

Robert se dio cuenta en seguida de que todo cuanto el millonario le había dicho era verdad. Para ganar, constantemente tenía que observar sus pensamientos y aceptar sólo aquellos que alentaban a su jugador interior, permitiendo al jugador exterior -su cuerpo físico- ejecutar el mejor golpe posible bajo cualquier clase de circunstancias.

Mantener alejados durante horas y días los estados oscuros del golfista era una tarea ardua. De hecho, era la parte más dura del juego.

Primero había que evaluar la situación adecuadamente. Con calma. La caída del green, la distancia, el viento, los bunkers, el agua...

A continuación, elegir el palo correcto.

Una vez hecho todo lo anterior, sólo quedaba una cosa

por hacer: concentrarse en el golpe perfecto. Sólo eso y nada más que eso.

El golpe perfecto desde el tee. El golpe perfecto con el hierro. El golpe perfecto de approach. El putt perfecto. Golpe tras golpe. Hoyo tras hoyo.

Sin los estados oscuros del jugador. Sólo con los estados brillantes de juego. Y nada más.

Sin miedo. Sin dudas. Sin enfados por haber fallado un golpe anterior. Sin impaciencias. Sin arriesgar golpes que no valían la pena.

Sólo había que tener clara la imagen del golpe ideal. Y silencio. Y amor. Y placer. Y respeto. Por cada golpe. Por el juego del golf. Por la vida misma.

La magia de los primeros dos días continuó durante el sábado. Ahora ya había periodistas para aumentar la presión. ¿Quién era ese tipo? ¿Cómo podía alguien totalmente desconocido jugar tres partidos seguidos bajo par? Los 70 golpes del sábado suponían un pequeño resbalón respecto a los 68 y 69 de los días anteriores, pero aún encabezaba la clasificación. ¿De dónde demonios había salido? Era alguien que nunca antes se había logrado clasificar para el circuito, y ahora lideraba la final del Open de los Estados Unidos con tres golpes de ventaja! Seguro que no era un favorito, pero ¿se vendría abajo con la presión o era un ganador? Era una noticia sensacional.

Para Robert toda la situación resultaba increíble. Apenas podía creer que todo cuanto el millonario le había dicho le estuviera sucediendo realmente, y que mediante el control mental hubiera dado un vuelco su vida entera.

Por desgracia, la mente no puede dominar todas las cosas. Una hora después de su sensacional triunfo del sábado, Robert se disculpó a toda prisa ante una horda de periodistas y salió rápidamente hacia el hospital. Paul se había sentido muy mal de pronto y había tenido que ser trasladado en ambulancia.

Ya en la habitación del hospital, Robert se aseguró de que el chico estaba bien arropado, asegurándole que se encontraría suficientemente bien por la mañana como para ir a ver la final. Paul no era tan optimista.

"No te preocupes; si no puedo ir, te veré ganar en la tele".

"Haré todo lo posible" -dijo Robert, deseándolo de todo corazón por el chico.

"¿Qué quieres decir?", gritó Paul.

"Perdona" -se disculpó Robert rápidamente. "Ganaré, ganaré el trofeo para ti. ¿Qué te parece?".

"¿Prometido?".

"¡Prometido!".

¡Cómo si prometer algo fuera tan fácil como cumplirlo!

Aquella noche, ya en su habitación de la mansión del millonario, Robert tuvo un ataque de ansiedad. Estaba tan nervioso que vomitó. Era la primera vez que experimentaba la noche antes de la final del domingo.

Trató de aplicar los secretos que el anciano le había enseñado. Estuvo repitiéndose que tenía que estar tranquilo, que todo resultaría bien. Sólo era un juego mental. ¡Pero menudo juego!

A la una de la madrugada terminó por caer en un sueño nervioso. Agitándose y dando vueltas en la cama, tuvo un sueño muy extraño...

Capítulo 14

EN EL QUE EL GOLFISTA DESCUBRE EL TERRIBLE SECRETO DE SU INFANCIA

En su sueño, el anciano le invitaba a dar una vuelta en su limousine, acompañados por Freddy, el zorro. El millonario vestía sus ropas de golf y Robert se sintió algo sorprendido al ver que el anciano todavía llevaba sus zapatos de golf. Pero, después de todo, éste era algo excéntrico.

"¿Dónde vamos, jefe?" -preguntó Edgar.

"Pensaba que ya lo sabía" -dijo el millonario.

"Oh, claro, señor…".

Edgar se puso en camino, pero el millonario se echó hacia adelante para corregirle, "Por aquí no, Edgar. En dirección opuesta".

Robert estaba intrigado. ¿En dirección opuesta? Se encogió de hombros y se puso a jugar con el encantador zorrito.

Pocos minutos después, la limousine se detuvo delante de una casa que Robert reconoció enseguida. Era la casa de sus padres, pero Robert no sabía qué hacían allí.

"Ahora debe ir allí" -dijo el anciano. "Tiene que ir".

Robert no quería ir, pero Edgar abrió la puerta, haciéndole señas de que debía salir. Robert se bajó de la limousine de mala gana. En el instante en que puso su pie en la acera, sufrió una transformación. Volvía a ser un niño de seis años, y poco después, estaba en su dormitorio con todos sus viejos juguetes.

De pronto escuchó a su madre llorando. Corrió a su habitación y la vio sentada en la cama con la cabeza entre las manos.

"¿Qué te pasa, mamá?".

"He perdido la pulsera que tu padre me regaló por mi cumpleaños".

"No llores, mami. La encontraremos". Ayudó a su madre a buscarla, pero sin éxito. Estaba a punto de dejarlo cuando oyó un ruido. Levantó la vista y vio a su amigo John, que le sonreía perversamente a través de la ventana abierta. Los dos amigos se parecían mucho físicamente y, a menudo, eran tomados por gemelos.

Pero John tenía un lado más siniestro. Así que en cuanto Robert le vio en la ventana, supo que él había robado la pulsera. Robert se levantó de un salto y empezó a perseguir a su amigo.

"¡Dame la pulsera!" -le gritó.

Su amigo se detuvo, mostró la pulsera en su mano haciendo burla a Robert, y le dijo: "¡Ven y cógela!".

Robert se abalanzó sobre John y se pusieron a pelear. De pronto, John resbaló y cayó al suelo, rompiéndose un diente. Robert aprovechó la ocasión y recuperó la pulsera.

"¡Te vas a enterar!" -gritó John, pero Robert abandonó el lugar haciendo caso omiso de la amenaza.

Agarrando la pulsera con firmeza, echó a correr hacia su casa con expresión de triunfo. De camino hacia la habitación de su madre cruzó la habitación donde su padre veía la televisión, su afición favorita junto con la de prepararse una copa -algo fácil para alguien que trabajaba de barman. Su padre avistó la pulsera y le gritó: "¡Lo sabía! ¡La tenías tú! ¡Deberías avergonzarte!".

"Pero papá, ¡no he sido yo! ¡Ha sido John!".

"¡A mí no me mientas!" Su padre se incorporó con dificultad del sillón y le dio una fuerte bofetada en la cara. El niño cayó al suelo, golpeándose en la cabeza con una mesita. Se hizo una herida y comenzó a sangrar. Pero el corte de su frente no era lo que más le dolía.

"Pequeño ladrón" -dijo su padre, recogiendo la pulsera e ignorando que su hijo estaba sangrando. "¡Nunca harás nada decente en tu vida!".

Robert lloraba...

Pasado un instante, ya no era más el niño de seis años, ni estaba ya en la casa de sus padres. Se encontraba en una habitación enorme con un suelo de mármol, paredes de mármol e incluso un techo de mármol. Estaba delante de un espejo, mirándose la cicatriz de la frente. Ésta estaba enrojecida e hinchada y parecía reciente. De pronto entendió por qué había olvidado cómo se la había hecho. Recordar era demasiado doloroso, y el tiempo borra los recuerdos más penosos. Pero éstos permanecen enterrados en la mente, de forma latente. Aunque no se sepa que están ahí...

Su padre le había dado una bofetada. Pensaba que era un embustero y un perdedor. Su padre no le creía ni creía en él.

Robert oyó a alguien detrás suyo, lo que interrumpió el hilo de sus pensamientos. Era el millonario que se acercaba hacia él, vistiendo unos pantalones de golf de colores y unos zapatos de golf sin calcetines. Sus zapatos hacían un extraño ruido sobre el suelo de mármol mientras se acercaba. Instantes después, el millonario estaba a su lado. El anciano vio de inmediato la cicatriz de Robert.

"Oh, esta cicatriz tiene muy mala pinta. Veamos que podemos hacer".

Se quitó su guante de golf y sopló en las palmas de sus manos, poniéndolas, a continuación, sobre la frente de Robert.

Pocos segundos después de la amable imposición de manos del anciano, la cicatriz había desaparecido como por arte de magia.

"Gracias -dijo Robert, asombrado- ¡Muchísimas gracias!". En ese mismo instante sintió un profundo sentimiento de amor por aquel anciano que se encontraba junto a él, sonriéndole como si todos los días hiciera milagros como aquél.

Entonces, el anciano tocó a Robert en las sienes y le dijo, "También hay que eliminar la cicatriz que tiene aquí dentro". Tras lo cual, se puso el guante de nuevo y se marchó.

Robert se despertó. Tardó un rato en darse cuenta de que estaba en la cama de una de las numerosas habitaciones de la mansión del millonario.

Estaba sudando, con la cama totalmente deshecha... ¡Todo había sido un sueño! Podía recordarlo todo -la limousine con el anciano y el zorro, la casa de sus padres, su madre llorando, la pelea con John, el misterioso encuentro con el millonario en la habitación de mármol y su cicatriz curada mágicamente.

¡Su cicatriz! Se precipitó hacia el cuarto de baño y se miró en el espejo. La cicatriz seguía allí, por supuesto. Sólo había sido un sueño, aunque le hubiera parecido tan real.

Su cara estaba pálida como la de un fantasma bajo aquella luz tan brillante. "No tengo buen aspecto" -se dijo para sí. "Espero tener mejor pinta mañana en la salida del primer hoyo".

Capítulo 15

EN EL QUE EL GOLFISTA SE SOMETE A LA PRUEBA FINAL

Robert se despertó a las seis de la mañana, tomó una ducha fría y se dirigió al comedor donde el millonario ya se encontraba tomando un café.

"Buenos días. ¡Estará entusiasmado!" -dijo el anciano.

"Más bien nervioso".

"Su oponente también debe estarlo, estoy seguro".

"Bueno, él no es un primerizo como yo".

Era cierto. Su oponente no era un veterano, pero tampoco era un novato. Llevaba jugando en el circuito cinco años y ya había conquistado algunos torneos.

Pero el anciano siempre parecía mirar el lado positivo de todo. "No olvide que usted va tres golpes por encima".

"Lo sé, lo sé". Robert hubiera deseado que fueran diez los golpes de ventaja para vencer la presión del domingo por la tarde, lo que era un verdadero castigo. Pero al mismo tiempo, también ésta suponía la emoción que todo jugador quería vivir.

"Supongo que deberíamos ir yendo" -dijo Robert al anciano tras acabar su desayuno.

"Propongo que esperemos un poco. Sólo son las siete de la mañana y su cita para salir del primer hoyo es a las 12:05".

Era cierto. Al ser el líder, Robert jugaba en la última pareja.

"Simplemente túmbese y relájese" -le propuso el anciano. "Trate de imaginarse cada golpe a jugar, hoyo a hoyo. No deje que los estados oscuros del jugador le afecten. Hoy va a ganar. Va a ganar de verdad".

'¿Cómo puede estar tan seguro?' -se preguntó Robert. Pero entonces pensó que no podía defraudar al anciano. No iba a fallarle. Aquel hombre le había dado un cheque por veinticinco mil dólares sin ninguna condición ni contrato escrito alguno, simplemente chocando las manos.

Veinticinco mil dólares. Sería fácil pagarle si ganaba el título. ¡El primer premio era de 450.000 dólares! Pero, ¿y si se hundía y jugaba un último partido desastroso de 78 o incluso 80 golpes? Entonces terminaría en la vigesimoquinta o incluso trigésima posición, y como máximo se llevaría 10.000 dólares.

Ya se habían dado muchos casos de golfistas desconocidos que habían compartido el liderazgo hasta la final, para después echarlo todo a perder con 82 golpes en el último partido. Jugar al golf era una cosa, y soportar la presión era otra bien distinta.

Regresó a su habitación y se tumbó en la cama. En lugar de imaginarse su último partido golpe a golpe, como el anciano le había recomendado, se puso a pensar en Paul y en que éste no estaba bien del todo. Además, no quería decepcionarle. Tenía que ganar por Paul... ¡se lo había prometido!

Después, se puso a pensar en Clara. Ya llevaban separados más de tres meses. Todavía tenía la esperanza de que pudieran volver a estar juntos. La última vez que habían hablado, ella no le había dicho que todo se había acabado, sino que necesitaba tiempo. Tiempo. ¿Estaba éste de su parte? ¿Qué clase de tiempo era éste? Miró el reloj. ¡Ya eran las ocho! Saltó de la cama en el momento exacto en el que el millonario golpeaba a su puerta.

"Es hora de irse, chico".

'¡Qué sincronización!' -pensó Robert. 'Espero que mi juego esté hoy igual de bien sincronizado'.

Minutos después iba sentado en el asiento trasero de la limousine, junto al anciano y a un compañero poco habitual, Freddy, el zorro, al que habían puesto un chaleco de color verde-Irlanda para celebrar el triunfo, y que le daba un aspecto muy divertido. Robert acarició brevemente al zorro, tras lo cual su mente se puso de nuevo en marcha. 'Clara...' -pensaba.

Sabía que era temprano para llamar por teléfono, en especial siendo domingo por la mañana, pero Clara solía levantarse a las siete, incluso los fines de semana. De todas formas, Robert necesitaba hablar con ella antes del último partido. Aunque sólo fuera durante unos segundos. Ella siempre había creído en él, en su talento y en su valía. Sólo oír su voz le daría fuerzas, estaba convencido.

"¿Puedo usar su teléfono?" -preguntó Robert.

"Por supuesto".

Marcó el número de ella y el teléfono dio la señal. Robert colgó enseguida al oír la voz de un hombre, pensando que se había equivocado de número. Volvió a hacerlo, marcando cada tecla cuidadosamente. De nuevo contestó una voz masculina. Desconectó el aparato, sintiéndose conmocionado y desolado. 'Clara tenía otro hombre en su vida y ¡ya estaban viviendo juntos! ¡Por eso había dicho que necesitaba más tiempo!'

"¿Pasa algo malo?" -preguntó el millonario.

"No, no…" Robert hubiera querido contarle por qué se sentía trastornado, pero se sentía demasiado humillado.

El anciano sonrió con escepticismo. "Tranquilícese, chico. Tranquilícese".

"Ojalá pueda hacerlo".

"¡Limítese a hacer lo que hace Freddy! Él no está nervioso. Para él no es más que otra mañana de domingo".

Robert, contestando algo distraído, dijo: "Freddy Couples es Freddy Couples. Ya ha ganado treinta torneos. ¡Pero yo no!".

El millonario soltó una gran carcajada. "¡No, Freddy Couples no! ¡Me refería a Freddy, el zorro!". Acarició al adormilado animal entre las orejas. "Al Freddy de aquí dentro no le importa si hoy es la final del Abierto de los Estados Unidos o no. Y a usted tampoco debería importarle. Tranquilice su mente y confíe plenamente en su instinto. Su putter no sabe que usted es un primerizo y su driver, tampoco".

El trayecto hasta el campo de golf fue bastante corto, pues el torneo se celebraba en Long Island, no muy lejos de la residencia del millonario en 'The Hamptons'.

Cuando se bajaron de la limousine, el pequeño zorro parecía estar dispuesto a irse con ellos.

"No, Freddy, tienes que esperarnos en el coche con Edgar".

Freddy miró con pena mientras su amo y Robert se marchaban. Entonces vio que la ventana del coche estaba medio abierta. Edgar estaba demasiado ocupado conduciendo el coche entre una multitud de espectadores, que miraban curiosos al interior de la limousine para descubrir qué famoso golfista iba en su interior. ¡Perfecto! Freddy saltó a través de la ventana... pero su amo y Robert ya no estaban a la vista. Les había perdido en medio de todas aquellas personas.

* * *

Cuando Robert se acercó al tee de salida del primer hoyo, estaba tan nervioso que podía oír cómo su corazón latía con fuerza. Aún se sintió peor cuando vio la multitud que le esperaba, unos quinientos espectadores que querían ver al aspirante del que todos hablaban, y comprobar si soportaba la presión del domingo.

"¿Robert qué más?" -era uno de los titulares del periódico de aquella mañana.

Todos querían saberlo. Robert también, en cierto modo. Pronto sabría de qué madera estaba hecho.

El primer hoyo era un par cuatro largo y estrecho, considerado como el tercer hoyo más difícil del recorrido. Todo jugador podía elegir entre jugar un driver o un hierro. Un hierro era mucho más preciso, desde luego, pero entonces habría que jugar a continuación un segundo golpe más largo hasta un green muy estrecho y muy bien protegido. El driver permitía alcanzar una distancia mayor, pero un drive enviado al rough -¡rough en el Open de los Estados Unidos!- significaría un segundo golpe muy complicado, y quizás un bogey, algo poco estimulante ya en el primer hoyo.

El oponente de Robert se decidió por el driver. Era como una declaración de intenciones. Estaba tres golpes por debajo, así que no podía permitirse jugar seguro. El público apreció la decisión. Éste pegó un drive que fue a unos doscientos cincuenta metros, justo en medio de la calle.

Según su plan de juego, Robert quería empezar con un hierro uno. Pero pensó que parecería un perdedor y cambió de opinión.

"El driver, por favor" -pidió a su caddie.

El anciano tomó el palo y se lo ofreció a Robert. Éste vaciló entonces y dijo: "No, mejor el hierro uno".

El millonario no mostró emoción alguna cuando le tendió el hierro.

Robert adoptó su stance y efectuó su swing. Pero desvió el golpe y lo envió al rough. "Lo sabía" -murmuró. "¡Jugando seguro y tengo que fallarlo!".

"Tranquilo" -dijo el millonario cuando llegaron hasta la bola. "No es más que el primer hoyo. Y mire, el lie de la bola es bastante decente".

Era cierto. La bola estaba bien situada. Permitía un contacto limpio. El único problema era detenerla en el estrecho y rápido green.

"Es como un par tres un poco largo" -dijo el millonario.

Robert dio un golpe perfecto con el hierro cuatro y consiguió que la bola se detuviera; después salvó el par con dos putts, lo que le supo como un birdie.

"¡Qué le dije!" -comentó el millonario. "Debería hacerme caso con más frecuencia".

Robert sonrió aliviado. Su adversario había fallado un largo putt para birdie. Todavía mantenía sus tres golpes de ventaja.

Pero Robert perdió la concentración después de los siguientes tres hoyos, fallando dos putts cortos para salvar el par, mientras que su oponente logró embocar a más de cuatro metros, haciendo sendos birdies.

"¡Ya está, estoy muerto!" -pensó Robert.

Pero en el siguiente hoyo metió un putt para birdie a metro y medio y recuperó la confianza -aunque su adversario también logró un birdie en el mismo hoyo. La confianza en uno mismo no puede evitar que el oponente juegue bien. De hecho, el rival de Robert embocó un chip en el noveno hoyo, logrando un eagle increíble en un par cuatro corto.

"¡Ahora sí que estoy muerto!" -se quejó Robert.

"Si quiere, puede elegir su ataúd ahora mismo" -dijo el anciano imitando la forma de hablar de un vendedor ambulante. "¡Tenemos gran variedad de colores y precios!".

Robert no pudo evitar reírse. Por un instante la situación no pareció tan dramática. Pero aún seguía nervioso. Ya iba dos golpes por detrás y aún tenía una difícil tarde por delante.

"Todavía quedan nueve hoyos" -dijo el millonario.

"Ya lo sé".

El hoyo décimo era un par cinco relativamente corto que la mayoría de jugadores alcanzaban en dos golpes. El oponente de Robert pegó un bonito golpe desde el tee, pero Robert sacó a relucir su drive y envió la bola a más de doscientos setenta metros, justo al centro.

"¡Pista libre!" -dijo bromeando al anciano. "El ataúd puede esperar".

Su compañero, que había jugado en primer lugar, llegó al green en dos golpes. Robert eligió el hierro cinco, pero golpeó el suelo con el hierro y la bola quedó corta, fuera del green y a la izquierda en el rough. Del público surgió un gran "¡Oh!" ¡Ahora sí que tenía un problema! El primerizo no estaba aguantando la presión. Estaba dos golpes por debajo y su oponente ya estaba en el green con un posible putt para eagle.

Estaba acabado. Robert llegó a ver la sonrisa en la cara del otro jugador. Su paciencia había obtenido su recompensa -el aspirante se estaba viniendo abajo-. Se había terminado su suerte.

Robert se sintió desanimado. Pero entonces se dijo: ¡Basta de pensar! ¡Stop a los pensamientos! ¡Un golpe cada vez! ¡Fuera los estados oscuros!".

Cuando vio la situación de la bola, sintió que aún podía sacar un buen golpe. ¡Directa a la bandera y hacer birdie! Estudió la situación. Tenía que salvar un bunker para alcanzar el green, estrecho y cuesta abajo una vez pasada la bandera.

"¿Qué debo hacer?" -preguntó al anciano. "Si la pego corta, acabará en el bunker. Si me paso de largo, puede que ruede fuera del green".

"No es momento para pensar en supuestos. Dé un golpe perfecto" -dijo el millonario resueltamente.

"¿Un golpe perfecto?".

"Sí, el que usted necesita".

"¡Lo que necesito es embocar la maldita bola!".

"A eso me refería. ¡Mándela directa al hoyo!".

"¿Cree que puedo hacerlo?".

"Tiene que hacerlo. Simplemente imagínela volando por el aire, muy alta, pasando a medio metro del bunker y rodando suavemente hasta entrar en el hoyo".

Robert miró al anciano. Estaba totalmente serio. No cabía ninguna duda en su mente.

"Sé que puede hacerlo" -dijo el anciano. "Sé que puede hacerlo. No piense en otra cosa. Sólo imagine la bola rodando hasta dentro del hoyo".

"¡Es más fácil decirlo que hacerlo!" -pensó Robert. Pero entonces se dijo: haré lo que me ha dicho".

Adoptó su stance, practicó unos cuantos swings y trató de imaginarse el golpe perfecto. Por fin, realizó el golpe. Hizo un buen contacto con la bola y ésta ganó altura en el aire. Iba tan alta que Robert pensó: "¡Mierda! La he pegado demasiado fuerte. Va a caer al bunker".

Se equivocaba. La bola cayó exactamente donde el millonario le había dicho, a medio metro de la arena, y comenzó a rodar hacia la bandera, ganando velocidad peligrosamente.

"¡Maldita sea!" -pensó Robert. "Tendré que pegar otro chip".

Se equivocó de nuevo. La bola pegó en la bandera y cayó dentro del hoyo. ¡Eagle en el tercer golpe!

Del público salió una gran ovación. ¡No se había hundido en esta ocasión!

Robert dejó escapar una gran sonrisa y alzó el puño.

"¡Bien hecho, chico! ¡Bien hecho!" -le felicitó el anciano. "Ahora, mantenga fría la cabeza".

"Lo haré".

Pero su oponente no lo hizo. Se puso tan nervioso por el magnífico chip que no embocó hasta el tercer putt. Robert de nuevo colideraba la final. En los tres hoyos siguientes, Robert estuvo de racha y consiguió tres birdies, mientras que su adversario tuvo que esforzarse para lograr salvar el par. Ahora Robert volvía a estar en cabeza tres golpes por delante.

Pero, mientras se dirigía al tee del hoyo catorce, un espectador le gritó, "¡Tú, perdedor! ¡No lo vas a conseguir!".

De pronto, la confianza de Robert se desvaneció.

"No le haga caso" -dijo el millonario.

"No lo haré".

Pero no fue así y cometió error tras error. En el hoyo diecisiete falló un putt fácil a medio metro con pendiente cuesta arriba, con el que hubiera salvado el par, lo que le volvió a empatar con su competidor. El empuje estaba ahora del lado de su oponente. Así estaban las cosas: domingo por la tarde, en el Open de los Estados Unidos, y empatados. El campeón del torneo sería aquel de los dos que ganara el último hoyo.

Perder una ventaja de tres golpes y fallar un putt cuesta arriba a medio metro podía acabar con la confianza del jugador más experimentado. De hecho, Robert se puso tan nervioso que podía sentir el pulso de su circulación en los ojos. Estaba tan acelerado que su visión se volvió borrosa.

El hoyo dieciocho era un par cinco, corto, de menos de cuatrocientos sesenta metros. Pero había más de una trampa -un obstáculo de agua delante del green, vientos variables soplando desde el mar y árboles bordeando la calle-. Durante toda la semana, los jugadores habían calculado mal el hoyo y muchas bolas habían acabado en el agua, haciéndoles difícil el poder salvar el par.

El oponente de Robert, que parecía estar animado, salió el primero. Pegó un drive perfecto a unos doscientos cincuenta metros, justo al centro de la calle. La multitud dejó escapar numerosas exclamaciones y rompió en un espontáneo aplauso cuando la bola cayó y quedó parada.

El silencio se hizo cuando Robert colocó su bola en el tee. Realizó algunos swings de práctica y comenzó a pensar 'Que no vaya a los árboles. En ningún caso debe ir hacia los árboles. Si cae entre los árboles, estoy acabado...' Pasaron unos instantes antes de que notara que estaba cometiendo un error. Borró de su mente los pensamientos negativos, eligió un blanco en medio de la calle -un punto distante- y se concentró. Su corazón le latía tan fuerte que creyó que se le iba a salir del pecho. Casi podía oír los latidos. La presión era increíble. Tenía que calmarse. No podía jugar la bola en ese estado.

Inspiró aire profundamente varias veces, tratando de distanciarse de la situación. 'No había cientos de espectadores mirando cada movimiento suyo. No era el último hoyo del Abierto, con él empatado en el primer puesto. No tenía que dar un drive excepcional en medio de la calle estrecha, rodeada por un bosque a ambos lados. Estaba solo en el tee de prácticas. Iba a golpear la bola con la madera número uno, como tantos miles de veces lo había hecho ya antes, suavemente, sin forzarse, con total tranquilidad.'

Pero no lo hizo así. Hizo un swing demasiado largo y la pelota salió desviada hacia el bosque. No podía creerlo. El golpe fue desastroso. Su bola estaba en algún lugar en medio de los árboles. Si no lograba encontrarla a tiempo, le penalizarían con dos golpes. Y el torneo habría terminado para él.

Miró al millonario. Por primera vez desde que se conocían vio que el anciano estaba sorprendido, como si la situación le hubiera desbordado, aunque no dejara escapar el menor signo externo de agitación.

"Tenemos que encontrar la bola" -dijo el hombre, como si no pasara nada más. "Así que vamos a encontrarla".

Los dos hombres se apresuraron hacia los árboles y pronto llegaron hasta el grupo de elevados pinos. Ya había allí un grupo de personas buscando la bola, la cual podía estar en cualquier lugar en un radio de cincuenta metros.

Mientras tanto, su oponente, que ya era líder, alcanzó el green en el segundo golpe. Después de buscar la pelota sin éxito durante varios minutos, Robert sintió que todo había acabado. Iba a terminar el torneo de forma bochornosa. También podía volver al tee, lanzar otro drive sin mucho entusiasmo, y esperar que no cayera en la clasificación demasiados puestos, lo suficiente como para salir del torneo con un buen cheque. Un pequeño premio de consolación para alguien que momentos antes había estado tan cerca de convertirse en el ganador del título del Open de los Estados Unidos.

Estaba a punto de regresar al tee, cuando notó la presencia de Freddy, el zorro, que estaba tumbado y quieto en un pequeño claro, exactamente igual que el día que le vio por primera vez en el campo de golf del millonario. Se aproximó a él, sintiendo un escalofrío recorriéndole la espina dorsal. Freddy se levantó. Allí, entre sus patas delanteras, había una pelota de golf. Robert se acercó a toda prisa y miró detenidamente la pelota. ¡Sí! ¡Era la suya! '¡Gracias, Freddy! ¡Gracias!'

Robert gritó reclamando la presencia de un juez árbitro, y comenzó a examinar los alrededores. No sólo era su bola, sino que incluso había un posible golpe a través de los árboles. No tenía muchas posibilidades -tenía que dar el mejor golpe de toda su vida para mandar la bola lo suficientemente cerca del green como para seguir disputando el torneo. Pero todavía había una oportunidad.

Guiñó un ojo a Freddy, quien desapareció corriendo en cuanto varios jueces árbitros llegaron ruidosamente entre los árboles.

El millonario se reunió con él, sonriendo.

"Por suerte para nosotros, Freddy estaba por aquí" -dijo Robert.

"No sé cómo ha podido lograrlo. Le dejamos en la limousine con Edgar".

Ahora, todo lo que Robert tenía que hacer era jugar su golpe. Estaba a unos ciento ochenta metros de la bandera. Tenía que efectuar un golpe perfecto con el hierro cuatro, enviando la pelota muy alta para evitar el agua y que después se detuviera casi inmediatamente al caer al green. No era un golpe fácil.

"Tómese todo el tiempo necesario" -dijo el millonario. "No haga nada hasta estar bien seguro".

Robert se tomó su tiempo. Sabía que, una vez más, necesitaba dar un golpe perfecto, pero esta vez iba a ser incluso más difícil que el chip anterior. En esta ocasión, si fallaba, o no salía del bosque, o enviaba la pelota al agua, perdería el título definitivamente. Tardó un cierto tiempo, pero entonces logró verlo. El golpe perfecto. Y tenía la sensación de que podía darlo e incluso ganar, aunque tuviera todo en contra y su oponente se encontrara ya en el green en el segundo golpe, con un putt a seis metros para eagle o después un birdie casi seguro.

Sí, parecía llevar las de perder, pero realmente creía que podía realizar un golpe perfecto. No esperó mucho, inspiró aire profundamente y ejecutó su swing. La bola por poco golpeó la copa de unos árboles que se encontraban delante suyo, pero voló grácilmente hasta el green, donde aterrizó y se detuvo. El público rompió en ovaciones. El primerizo había sacado otro bonito golpe. ¡De hecho, un golpe casi imposible!

Por segunda vez durante el partido, Robert sonrió abiertamente.

"¡Lo hizo! ¡Fue un golpe perfecto!". El anciano palmeó la espalda de Robert.

Pero nada estaría terminado hasta que acabara de verdad.

El otro jugador estaba en el green estudiando su putt. Si metía la bola, Robert tendría que embocar la suya para empatar e ir a un play off por muerte súbita. Y las probabilidades iban en su contra, pues raramente los primerizos jugaban bien en muerte súbita.

Segundos más tarde, la bola del oponente de Robert rodaba hacia el hoyo. Cuando estaba a unos treinta centímetros, Robert creyó que iba a entrar. Iba directa al hoyo. Todo estaría acabado -era imposible que Robert aguantara la presión en la muerte súbita-. Pero en el último momento, la bola dio en un bache casi imperceptible y se desvió ligeramente a la derecha, fue hacia el borde del hoyo y se detuvo sin llegar a entrar. Entre el público se extendió una cara de incredulidad. Robert no podía creerlo. Era como si Dios le salvara la vida tras ser condenado a muerte. Su oponente metió la bola en el hoyo con un leve tap con cara de pocos amigos y se dirigió al borde del green, agitando su cabeza enfadado e impaciente por ver qué hacía Robert. ¿Sería capaz de embocar aquel putt corto pero aparentemente difícil o se vendría abajo de nuevo como en el golpe desde el tee?

Robert era consciente de que el carro de la fortuna le había favorecido. Tenía delante suyo la oportunidad de ganar. Se tomó su tiempo, examinando el putt desde todos los ángulos. Todo lo que tenía que hacer era meter un simple putt. Un sólo putt para convertirse en el campeón del Open de los Estados Unidos ¡y embolsarse 450.000 dólares!

Cuando estuvo satisfecho del análisis del green, adoptó su stance. Al mirar al hoyo desde la bola, y dibujar en su mente la trayectoria que ésta debía describir, encontró extraño que todo quedara resumido a esto, un putt a un metro, como aquél que el millonario le había hecho ensayar en el green de prácticas, aumentando la apuesta a cada golpe, apostando primero mil, luego diez mil y por fin cien mil dólares. ¿Una asombrosa coincidencia? ¿El destino? ¿Alguna misteriosa ley de causa y efecto? No podía saberlo. Todo lo que sabía era que tenía que meter ese putt. Y aún recordaba lo nervioso que se había puesto al tener que dar el putt de cien mil dólares en el green de prácticas. Entonces se había puesto enfermo. ¿Le iba a suceder ahora lo mismo?

Echó otro vistazo detenidamente a la línea entre la bola y el hoyo, y se aseguró de que su putter estaba perfectamente equilibrado entre sus manos. Ya estaba a punto de dar el golpe cuando vaciló. Necesitaba más tiempo. Era un green rápido. Había que leer bien la caída. ¿Había tenido en cuenta el corte de la hierba?

No podía volver a estimar la línea del golpe desde el principio, al menos, no delante de todo ese público, delante de las cámaras de televisión, con millones de telespectadores mirándole en todo el mundo. ¡Iba a parecer un completo idiota!

De pronto en su cabeza se agolparon todos sus pensamientos. Estaba perdiendo el control. Sintió como su corazón comenzaba a latir más y más deprisa; cada latido le hacía sentir que iba a fallar. Fallar putts cortos en situaciones comprometidas había sido su estilo, antes de conocer al millonario. ¡En el pasado había sido un maestro fallando golpes decisivos! '¡Qué demonios!' pensó, '¡Acabemos con esto de una vez por todas!'.

La cabeza de su putter se balanceó hacia atrás, después hacia delante y por fin hizo contacto con la bola. Ésta salió rodando, desviándose hacia la derecha y deteniéndose a unos veinticinco centímetros del hoyo. Robert cerró sus ojos con fuerza. Cuando los abrió, volvió a ver la bola aún delante suyo. ¡Todo había sido una alucinación!

Hizo un esfuerzo supremo por recuperar el control. Visualizó la bola describiendo una curva perfecta y desapareciendo dentro del hoyo, hizo una profunda inspiración y dio el golpe.

Cerró de nuevo sus ojos. No se atrevía a mirar. Rezó en silencio, sabiendo que su futuro dependía de aquel simple putt. Después de lo que le pareció una eternidad, como si el tiempo se hubiera detenido, escuchó un sonido, un leve y casi imperceptible ruido, pero el más dulce de todos los que un golfista pueda concebir -el 'plop' de su bola cayendo dentro del hoyo. La multitud estalló de júbilo. Robert abrió sus ojos. No le habría extrañado descubrir que todo había sido otra ensoñación, que no había dado aún el golpe y que todo el mundo seguía esperando.

Pero su bola no estaba a la vista en ninguna parte. No estaba en el césped delante suyo, ni junto al hoyo. Dio un paso adelanto y entonces la vio, inmóvil, de un blanco perfecto, yaciendo en el fondo del hoyo. La sacó, la besó y la lanzó al público. El millonario corrió hacia él, se abrazó a su protegido y le dio unas amistosas palmadas en la espalda.

"¡Estoy orgulloso de usted! ¡Estoy muy orgulloso! ¡Sabía que podría lograrlo! ¡Lo sabía!".

Por primera vez, Robert vio lágrimas en los ojos del anciano. Un torbellino de emociones se adueñó de él. Era algo demasiado fuerte: su corazón no podía albergar tanta alegría y tanto alivio. Sintió cómo las lágrimas corrían por sus mejillas.

"¡Nunca volveré a prestar a nadie veinticinco mil dólares si no es seguro que me los pueda devolver!" -bromeó el millonario, tratando de aligerar la situación.

El oponente de Robert se acercó y le estrechó la mano calurosamente. "Ha estado formidable. ¡Bienvenido al club!".

Por un segundo, Robert se preguntó a qué club se referiría. De pronto se dio cuenta -¡al club de los campeones!- ¡Había ganado el Open de los Estados Unidos!

"¡Robert! ¡Robert!".

Escuchó una voz entre la multitud. Era una voz que conocía. Se detuvo, se dio la vuelta y vio a alguien que no esperaba ver allí.

"¿Papá?" -tartamudeó.

"¡Felicidades, hijo!".

Los ojos de Robert se llenaron de lágrimas. Era la primera vez en su vida que su padre le había dicho eso.

"Estamos muy orgullosos de ti, Bobby" -dijo su madre. Ésta tomó a su hijo entre sus brazos. Robert pensó que le gustaría quedarse así para siempre, pero las cámaras de televisión se acercaban y los periodistas reclamaban unas palabras del campeón del Open. Ya tendrían después tiempo para reunirse.

La Copa fue presentada con la habitual pompa y ceremonia. Robert besó su fría superficie y la levantó por encima de su cabeza mientras sonaban los clicks y flashes de los fotógrafos. Le hicieron entrega de un cheque por valor de cuatrocientos cincuenta mil dólares, más de lo que habría podido ganar en cinco años como profesional en su antiguo club. No estaba mal para un día de trabajo, ¡pero que nada mal!

Mientras permanecía sonriendo para los periodistas, alcanzó a ver a la última persona que esperaba ver en ese lugar: Clara, acompañada de un hombre que no conocía.

Tratando de dominar sus emociones al máximo, le hizo señas a ella. Ésta se abrió paso a través del ejército de periodistas hasta que estuvieron cara a cara.

"¡Felicidades, Robert!" -dijo ella sonriendo calurosamente, y volviéndose a continuación al hombre que le acompañaba. "Te presento a mi primo George de Los Angeles. Ha venido a visitarme durante unos días".

"¡Encantado de conocerte!" -dijo Robert, y había sinceridad en su voz. 'De modo que Clara no tenía ningún nuevo amor; ¡sólo era una visita!'.

"Vi tu foto en el periódico" -dijo ella. "Ya llevo por aquí un par de días, pero estabas tan concentrado que supongo que no me has visto".

Él no sabía que decir, ni sabía si debía abrazarla y besarla, que es lo que más le apetecía hacer. Todo lo que sabía era que la amaba, y que no había dejado de quererla ni un solo momento.

Por sus ojos podía ver que ella también seguía amándole. Quizás, y sólo quizás, las cosas podían arreglarse y ellos podrían volver a empezar. Todo aquel sentimiento de amor le hizo pensar en la única persona por la que había hecho todo aquello, la persona que más había creído en él: Paul. Tenía que llevar consigo el trofeo al hospital y compartir su victoria con el niño. George, que claramente podía percibir el silencioso diálogo que estaba teniendo lugar entre los dos, sonrió y se marchó excusándose, diciendo que ya vería más tarde a Clara en su casa.

"Vamos" -dijo Robert tomando a Clara de la mano- "hay alguien a quien quiero que conozcas".

El millonario ya estaba esperando en su limousine. Junto a él y en el asiento posterior, estaba sentado Freddy, el zorro, mirando con cara de satisfacción mientras el millonario le rascaba entre las suaves orejas. Robert presentó a Clara y salieron a toda prisa hacia el hospital.

Las noticias que les aguardaban al llegar no eran buenas: Paul había sufrido una grave recaída. Los médicos y las enfermeras iban de aquí para allá por la habitación del niño. Pero cuando éste vio a Robert, su cara se iluminó de alegría.

"¡Estuviste fenómeno, tío! ¡Sabía que ganarías!".

Robert dejó el trofeo en la cama de al lado. Cuando Paul extendió su mano para tocar su brillante superficie, su sonrisa se apagó.

"¿Qué te pasa, Paul? ¿Qué te ocurre?" -dijo Robert, tratando de ocultar su preocupación.

"Ahora sí que nunca más podré jugar contigo" -susurró el niño.

"¿Qué quieres decir? ¡Sólo porque haya ganado el Open de los Estados Unidos no significa que no tenga tiempo de jugar algunos partidos con mi mejor amigo!".

"No, no es eso. Es que... voy a morirme".

"¿De qué estás hablando?".

"Sé que va a pasar. Pero no te preocupes, estoy listo. Esta noche he soñado con un ángel que venía a verme. Me dijo que volvería a la Tierra poco después de morir y que volvería a ver a mis padres. Eso me hace feliz. Pero me tienes que prometer una cosa. Cuando vuelvan de sus vacaciones diles que no se pongan tristes. Diles que aunque esté muerto volveré otra vez. Todo lo que tienen que hacer es... quererse el uno al otro...".

"Se lo diré, te lo prometo" -dijo Robert, conteniendo las lágrimas. Freddy, que de alguna manera se las había arreglado para llegar hasta allí sin que nadie le descubriera, saltó a la cama y se puso a lamer la cara del niño.

"¡Freddy! ¡Has venido! ¡Hola chico!".

Paul abrazó al animal y cerró sus ojos, tan feliz como sólo un niño sabe ser. Una enfermera miró hacia la cama y gritó. De la boca de Paul salía un hilo de sangre. La enfermera pensó que el animal le había mordido y se abalanzó para echar al animal, pero no tardó en descubrir que se había equivocado. Paul estaba escupiendo su propia sangre. Llamaron a un médico, pero ya era demasiado tarde. Paul había muerto.

Capítulo 16

EN EL QUE EL GOLFISTA Y EL MILLONARIO SEPARAN SUS CAMINOS

Unos tristes y compungidos Robert y Clara habían sido invitados a pasar la noche en la residencia del millonario. Acabada la cena, el millonario comenzó a reflexionar sobre la muerte.

"Sé que es duro perder a alguien querido. Recuerdo que cuando perdí a mi querida esposa estuve desconsolado durante meses. Pero entonces recordé que la muerte no es más que una ilusión. Nosotros somos el alma, no el cuerpo. Y el alma es inmortal. El cuerpo es como el coche que conducimos. ¿Sigue usted triste por haber perdido su viejo Riviera en el accidente?".

"Por supuesto que no. Pero Paul era tan niño... le voy a echar de menos. Echaré de menos su ternura y la fe que tenía en mí".

"Quizás vuelva pronto" -dijo el millonario.

"¿Cómo puede decir eso?" -preguntó Robert.

"No venimos al mundo sólo una vez. Venimos muchas,

muchas veces. Y la mayoría de ellas con la misma familia, y con los mismos amigos".

"Es posible" -dijo Clara. "Leí en un libro que siempre regresamos con aquéllos a los que amamos". Miró a Robert con ternura.

"Y con aquéllos con los que tenemos conflictos" -añadió el anciano. "Esa es la razón por la que tenemos que ser cuidadosos hasta que aprendamos la lección que hemos venido a aprender, y que es tan simple y tan difícil como 'amar a los demás por completo'. Y entonces podremos ser libres para siempre".

* * *

A la mañana siguiente, antes de marcharse con Clara, Robert entregó al millonario un cheque por el importe que le debía. También le devolvió las llaves del Ferrari.

"Quédeselo" -dijo el millonario.

Robert miró fijamente al anciano. "¿Está bromeando?".

"Ese coche nunca me ha llegado a pertenecer. Cuando lo compré, sentí como si lo estuviera comprando para otra persona. Ahora sé para quien era".

"Yo... no sé qué decir".

"¡Pues entonces no diga nada! Todo lo que le pido a cambio es que siga siendo usted mismo. Eso es lo más difícil que se le puede pedir a cualquiera. Trate de estar en paz consigo mismo en todo lo que haga. Comparta lo que le he enseñado con los demás. Mediante palabras, desde luego, pero sobre todo a través de sus actos. Sea un ejemplo para los demás. Ésa es la mejor forma de enseñar. Llegue a ser un gran jugador y, sobre todo, alcance su propia felicidad. En esta época que nos ha tocado vivir, eso es lo mejor que puede hacer si realmente desea ayudar a los demás. Si usted no llega a ser feliz, no podrá ayudar a nadie. Estamos aquí para crecer y para evolucionar ayudando a los demás".

El millonario guardó silencio. Robert supo que había llegado el momento de despedirse. Henry, el mayordomo, bajó a toda prisa las escaleras llevando un teléfono móvil en una bandeja de plata.

"Señor, es el Presidente" -dijo resoplando.

"Dígale que espere" -contestó el millonario. Robert se adelantó hacia el anciano y le rodeó con sus brazos, abrazándole como a un padre. El millonario observó serenamente como Robert y Clara subían al Ferrari, y después volvió su atención a la llamada del Presidente.

Robert estaba a punto de poner el coche en marcha cuando, de pronto, de los arbustos apareció trotando Freddy, el zorro. Robert le hizo señas y el animal se acercó para recibir una última caricia entre las orejas.

"Casi me olvido de ti, chico ¿no es así?" -dijo Robert. "Es verdad. Casi me olvido de darte las gracias, ¿a que sí?".

Freddy lamió su mano en señal de despedida y se marchó retozando en dirección a la rosaleda. Cuando conducía el coche por la avenida hacia las puertas de entrada, Robert se volvió hacia Clara: "¿Crees que nuestros sueños llegan a hacerse realidad? ¿Qué piensas?".

Clara pareció adivinar lo que pensaba.

"Te estás preguntando si Paul va a regresar de nuevo, ¿no es así?".

"¿Y bien? ¿De verdad regresan las personas?".

"No lo sé. Realmente no lo sé".

"¿Qué te parece si intentamos traerle de nuevo esta noche?".

"¿Quieres decir como con una especie de ritual?".

"Sí, con una especie de ritual...".

Él extendió su mano y la puso en el vientre de ella. Ella sintió el calor de su palma y comprendió lo que pensaba. Esa misma noche harían el amor apasionadamente, con todo su afecto. Nueve meses después nacería un niño al que pondrían el nombre de Paul. Nunca llegarían a saber si se trataba del mismo Paul, pero ante la duda podían creer que era él.

¿Estarían equivocados?

Es difícil saberlo. ¡Pero la fe es algo muy poderoso!